也許我們沒有共同的過去，
但一定可以
有共同的未來

姚立明 著

目錄

自序

不論生長在牆的哪一邊

我不喜歡講自己的故事，因為乏善可陳。我也不想讓別人寫我的成長經歷，因為擔心寫手不明白我講這些故事的本意，寫出來會讓讀者誤解我「自以為義」——以為我想用這些故事證明自己已經越過藍綠高牆，好像我很厲害，別人都不行。

直到圓神美麗能幹的專案企畫經理眞眞寫信給吳念眞導演（我收到副本）介紹這本書時說：「姚老師外省二代的背景，他花了三、四十年才走出高牆（參考本書內容）……」我才放下心。因為眞眞作為第一個讀者，如果她可以從故事中發現，我從來就不是先知先覺，只是好奇心重，喜歡打破沙鍋，再加上年輕時魯鈍無知，有一些特別的人生經歷，才一路摔摔跌跌地爬過省籍、藍綠的高牆。

嘗試爬過高牆，最大的挑戰在於高牆兩邊的人都會用異樣的眼光看你。原來同一邊的人會覺得你背叛他們，另一邊的人永遠不覺得你跟他們是一夥兒的。

生長在一個父母、父母的朋友都是「外省人」的環境，我高中以前的同學幾乎沒有「本省人」，參加的教會是每逢主日一定爲執政掌權者禱告的國語教會（從不過問掌權者行爲是否正當），連娶的老婆都正好是眷村長大的孩子。從我開始不迴避說「我是臺灣人」、開始嚴厲批判馬英九政府之後，那些跟我「有共同過去」的同學、朋友，也開始用質疑的眼光看我，我成爲他們眼中的「變色龍」。

現在許多支持我言論的網友鄉民，在倒扁時代曾視我爲寇讎。不知道未來我再度監督批判民進黨政府的時候，在他們眼中，我會不會又變色了。

從有機會參與公共事務開始，聖經「使人和睦的人有福了」這句話就一直是我的提醒。這句話讓我想爬過高牆，去看看牆的另外一邊。當看到了牆另外一邊的人物風景，我開始痛恨這堵高牆。因爲它遮住了兩邊人民的視線，剝奪了兩邊人民去看、去聽、去理解、去接納的自由，更爲掌權者提供蒙蔽兩邊眞相的機會。

我跟柯P原本就是各自生長在高牆兩邊的人，我們過去的生活經驗毫無交集。因爲痛恨這堵高牆，所以我答應做他參選臺北市長的競選總幹事。

不同的生長背景造就了每個人不同的史觀，只是沒有人可以選擇生在哪個家庭。推倒省籍、藍綠的高牆，不是要改變個人的歷史記憶，是讓個人的眼光沒有攔阻地更加寬廣。所以，在爲柯P站臺助選的時候，我說：「我們可以有不同的過去，但是我們會有相同的未來。」原本生長在同一塊土地上卻背景大不相同的人，因爲沒有高牆的阻礙，可以一起創造共同的未來。

「傾聽」和「接納」是推倒藍綠高牆的兩具推土機。傾聽不是與生俱來，需要用心學習。只要踏出傾聽的一步，就不怕沒有下一步的接納。

我的記性並不好，小時候的故事記得的不多也不完整，除非是印象實在深刻。一個偶然的機會，跟圓神簡社長聊到年輕時的事，他用心傾聽，聽得出神，鼓勵我說給更多人聽。我想，說不定聽到的人多了，接納隨之而來，願意說、願意聽的人——不論生長在牆的哪一邊——也會越來越多，那我們就一定可以有共同的未來。

第一章

爸爸與柯文哲

看到爸爸的故事，我哭了！

二〇一四年七月十七日，我同意擔任柯文哲競選臺北市長團隊的總幹事。先前幾度深談，我很清楚彼此的成長背景存在許多差異，但那些差異究竟有多大，又是如何牽動我們的人生、影響我們的思想與情感，直到兩個月之後，意外透過兩部電影顯露出來。

那次衝擊發生在九三軍人節，我們應邀參加鈕承澤導演的《軍中樂園》試映會，這部電影聚焦一九七〇年代左右的臺灣，透過海龍菜鳥小寶、魔鬼士官長老張等人物的刻畫，以及俗稱「軍中樂園」的特約茶室故事，重現十萬大軍駐守金門的歷史。

電影長達兩小時又十三分鐘，但我完全不覺得沉悶，眼前一幕幕都勾起我的記憶，觸動我心頭的奔放熱流，看到後來甚至嚎啕大哭，腦筋一片空白，久久無法自拔。我的情緒激動到連柯文哲都頗爲驚訝，會後還向記者形容：「坐在我旁邊的人哭得稀里嘩啦。」

最讓我淚崩的角色，是中國男星陳建斌飾演的老士官長張永善，操著一口鄉音，脾氣又臭又硬，內心卻充滿矛盾。原來，當老張還是「小張」，才十六、七歲左右，在中國老家門口被路過的國民黨部隊拉伕當了兵，就這樣跟著國民政府來到臺灣，再也沒有回去，二、三十年沒辦法見媽媽一面。一輩子無法回家、一輩子沒有結婚，因爲人生的一個小小插曲而從此孤孤零零、孑然一身，這正是許許多多外省老兵的眞實遭遇。具有外省背景的導演鈕承澤，將我父親那一代的傷痛，活生生帶到我面前。

人生如戲，《軍中樂園》的戲劇場景卻讓我彷彿重返父執輩的人生。老張與阮經天飾演的菜鳥兵小寶成爲忘年之交，兩人坐在金門島北山斷崖邊上談心的那一幕，當老士官長喝著高粱酒，想起媽媽做的飯，訴說他二十幾年來未盡孝道，對於老家有無止盡的鄉愁，眼望著中國大陸，忽然間大喊：「娘，俺想妳！」我心頭不由得狠狠一揪，忍不住跟著痛哭失聲。

坐在我身旁的柯文哲一時反應不過來，還很詫異地問我：「你怎麼哭成這個樣子？」他覺得很奇怪，完全沒辦法理解，再感人也不過是電影情節嘛，爲什麼老士官長喊一句「媽媽我想妳」，我居然這麼傷心？究竟有什麼好哭的？

他的疑惑，當下讓我久久說不出話來，心裡想著，多少「老芋仔」一輩子跟著國民黨打仗的故事，柯文哲怎麼連這都不知道呢？我試著緩和情緒，稍稍走出悲傷之後，才跟他說：「這也是我爸爸的故事！」結果他眉頭皺成一團，一臉茫然，有點不知所云，還是完全聽不明白。

柯文哲問我，有沒有看過魏德聖導演監製的《KANO》？這部電影描繪日治時代的臺灣棒球故事，日本男星永瀨正敏飾演的日籍教練近藤兵太郎，帶領一支由原住民和日本人、漢人聯合組成的嘉義農林棒球隊，原本實力極弱、不堪一擊，後來卻以堅強的意志力首次打入日本甲子園，並且獲得亞軍。

當時，我只覺得這部片子怎麼有一半時間都在講日文？敘述日治經驗的故事情節，我沒有太多感覺，好像只是在看一場棒球比賽而已，但柯文哲卻說他看了很感動，放映結束之後還一把鼻涕、一把眼淚。我摸不著頭緒，他到底發生了什麼事情，傷心激動到落下男兒淚？

我好奇詢問他在哭什麼？柯文哲回答，這部電影讓他聯想到祖父柯世元，在日本統治時期接受日本教育，就讀臺灣總督府國語學校，當了新竹州督學，是當時的高階知識分子，還是皇民化運動下的模範家庭。臺灣光復後，柯文哲的祖父在二二八事件中被當局抓走，甚至被毆打到殘廢，羈押長達半個月，雖然之後放回來了，三年後卻在家中抑鬱而終。

柯爸爸當時才念初中，目睹了整個過程，柯家也因為這個事件陷入窮困。柯文哲試著壓抑悲傷的情緒，雙眼卻依然忍不住泛著淚光說：「我阿公入殮時……竟然連一套完整的新衣服都沒辦法弄到……這是爸爸一輩子的遺憾。」

柯文哲的眼淚令我意外，因為我觀賞《KANO》的時候，其實很難深入體會電影所呈現的那個時代，更無法聯想到那個故事與我的人生有什麼關聯，所以忍不住問他為什麼會哭？同樣的，我為《軍中樂園》所流的眼淚，柯文哲也很難了解，所以才問我為何而哭？

我終於察覺到，各人流各人的眼淚，問題不在電影，而在於我們擁有完全不同的歷史經驗。於是，對著摸不著頭緒、搞不清楚怎麼回事的柯文哲，我開始娓娓訴說，一個，屬於我爸爸的故事。

我的父親從小家境不好，十五、六歲就離開父母外出討生活，二十幾歲時遇到戰亂，還來不及見爸媽最後一面就逃難到臺灣來，一晃都快七十年了。如今，他已經高齡九十五歲，前年二〇一四年過生日吹蛋糕時，居然還跟我說：「我好想娘。」一個九十五歲的老人，居然還像小孩一樣想著娘，想著想著還會流淚。雖然他不是老兵出身，但他的心境，跟電影《軍中樂園》裡的老士官長是一模一樣的，不論多久、無論身處何地，都抹不去那一輩子的思念。

從一九四五至一九五〇年間，愴惶離開中國、渡海逃難來臺的外省人，將近兩百萬人。當時政經局勢動盪不安，陷入惡性通貨膨脹，物價嚴重高漲，船票、機票一位難求，而且要撤退的人太多了，整個情勢混亂不堪，即使有錢買得到票也不一定能夠搭乘。每個家庭的逃難經驗不太一樣，但相同的是，就像我的父母，都面臨生離死別的抉擇，心中留下難以撫平的傷痛。

爸媽逃難史，像美國西部拓荒電影

我們這家人之所以能夠逃難來臺，完全是因緣際會。抗日戰爭時，我父親在國民政府所創的《掃蕩報》擔任文字記者，戰爭結束就留在南京工作。沒多久，國共內戰全面爆發，國軍節節敗退，隨著戰事變化，蔣介石決定找兩、三批具有記者背景及專業軍事訓練的人，以隨軍記者名義安插在各軍團司令身邊，配槍、配子彈，擔任「監軍」工作，我爸很幸運地被挑選出來，成爲其中的一員。

當國民政府意識到首都南京可能不保，大家打包準備遷都時，爸爸本來還想趁著南下的機會，抽空先返回故鄉湖南長沙探望父母親。想不到，事與願違，共軍已渡過長江，他連父母親的最後一面都沒見到，只來得及找到老婆跟小孩。當時，我根本還沒出生，父親拉著剛生產完的媽媽，抱著襁褓中的哥哥、開始學站的姊姊，跟隨總數大約兩百人的一個失散的中央部隊，不停往東邊走，時而慢、時而快，經過無數村莊，好像走了個把月，才抵達四川重慶。

不久，共軍接近重慶，大家又逃往成都，城內外滿目瘡痍。爸爸曾經回憶說，那時兵荒馬亂，逃難路程不時看見滿身泥土的敗退國軍，以槍爲杖，三三兩兩各自結伴而行，成千上萬的人，拚命擠向唯一可以載運撤退部隊的新興機場。

他們抵達機場時，只見停機坪還有一箱箱黃金擺著，因爲運人優先，都無法送上飛機。大家只顧逃難，民眾死命地要擠進去，試圖搭上飛機，但國軍的不少飛機已被共軍擊落，剩下的數量有限，載客量當然不多，最後只有少數軍官、將領及家屬得以進場搭乘飛機。

眼看著末班飛機將要飛離，就在那關鍵的時刻，當地空軍司令官認出爸爸曾經是部隊的隨軍記者，立即要維持秩序的軍人放行，爸爸、媽媽、姊姊、哥哥四人才有機會擠上飛往海南島的最後一班飛機，並且輾轉來到臺灣。

一九五二年，家裡多了一個我，從出生到成長都在臺灣，卻被稱爲所謂的「外省人」。

從我有記憶以來，逢年過節，除了圍爐吃年夜飯、拿紅包之外，全家大小還必須圍繞著從未謀面的長輩照片，一起跪下來磕頭拜年，聽爸爸「想爹想娘」，訴說他對家鄉的情感，每次都哇啦哇啦地說一大輪，甚至哭哭啼啼好幾回。從小到大，這些故事每年都要聽一遍。

那個場景可不是普通的跪拜，除夕夜傍晚六點整，也就是吃年夜飯的前一刻，爸爸就大聲喝令：「跪下！」跟媽媽兩人立刻雙膝落地，我家四個小孩看到向來威嚴的爸爸媽媽居然跪下來，嚇都嚇死了，兩腿自然發軟，不由自主紛紛跟著跪下來。

接著爸爸會大聲喊：「磕頭！」要跟誰磕頭呢？就是掛在牆壁上，那些泛黃得根本看不清楚的照片，據說他們是爸爸那邊的親戚、媽媽那邊的親戚，是我們這些小孩一輩子都沒親眼看過的祖父母、外祖父母。

爸爸一邊哭，一邊還喃喃自語，媽媽在旁邊也啜泣不已。我們愣頭愣腦地盯著牆上的照片，跟著爸媽磕了又磕，拜了又拜，不知道磕頭拜年了多少回。

而且，飯前又跪又拜還不夠，吃完年夜飯，半夜十二點守歲到隔天清晨六點，準備開門放鞭炮的時候，爸媽總是領著全家再跪一次、再磕幾次頭，遙祝遠在家鄉的長輩新年平安。

那樣的夜晚，爸媽也情不自禁懷念家鄉的一景一物，回憶他們小時候發生的事。爸爸還會不停哭泣訴說，他想他的爹、他的娘，遺憾這輩子再也看不到爹娘，也看不到他的兄弟姊妹。

我永遠都記得，當我還很幼小的時候，爸爸一邊介紹牆上發黃照片裡的人物，媽媽一邊畫出一棵家族樹，樹上畫著很多很多圓圈，然後用手指著一個又一個的圓圈，告訴我們他們是從哪裡來，爸爸是哪一個，媽媽是哪一個，哪個是我表叔堂叔，哪個又是我表哥堂弟……隨著手指的移動，他們描繪出與我血緣如此濃厚卻又如此陌生遙遠的家族。

對爸媽而言，中國有他們失散的家人、從小一起長大的親友，隔著當時因爲兩岸分離而看起來永遠無法跨越的臺灣海峽，距離雖遠，思念依然，與中國親人之間的血源情感割也割不掉、抹也抹不去，是他們一輩子的牽掛。

有一次，我爸病了，很難過地說想回去（中國大陸），我們這些晚輩聽到，就覺得一陣鼻酸，因爲他對中國有感情，我們知道他的感情所在，也知道他爲什麼難過，看他傷心難過，我們就會心疼難過。

兩個爸爸的眼淚，有了共同心酸

二〇一四年，我哥哥六十五歲生日前夕，爸爸突然打電話給我們說：「我要來慶祝我大兒子六十五歲生日。」要求我們兄弟姊妹全部回來，包含孫子輩的孩子們，也要一起聚餐慶祝。

通完話，我完全摸不著頭緒，哥哥也不知道原因，因爲家裡的傳統，向來只有晚輩給長輩過生日，從來沒有老爸說要給兒子過生日的。

生日那天，當大家要切爸爸買給哥哥的蛋糕時，爸爸故意咳了幾聲引起大夥注意後，緊接著又提起往事說，六十五年前，哥哥剛出生住在醫院裡面，媽媽還抱他在懷裡吃奶，就遇到戰事緊張必須撤離。當時他衝進醫院，扶著老婆，後面背著一個、手裡抱著一個，夫妻倆一前一後，想盡辦法從南京一路殺下來，這才逃難到臺灣。

「今天不只慶祝哥哥生日，也要慶祝我們全家逃難成功六十五年！」爸爸自己還哈哈大笑，轉頭調侃我：「你曉不曉得，還好當時巧遇恩人才逃過一劫，否則就沒有你了。」

原來爸爸是要慶祝全家成功逃難、重生的六十五年，可見逃難經驗，是他永遠也不可能轉淡的記憶啊。

我爸爸「想爹想娘」的眼淚，柯爸爸對於父親在二二八事件受難因而窮困潦倒、無法好好入殮的遺憾，兩個爸爸的眼淚，牽動我與柯文哲看電影的不同情緒，背後所代表的意義是：不同的成長背景，讓我們對於同樣的場景產生截然不同的感受。

然而，柯文哲畢竟不是柯爸爸，我也不是那個被迫離鄉背井、帶著妻兒逃難到臺灣來的姚爸爸。歷經臺灣社會這麼多年的融合，原本歷史記憶不同、成長經驗各異的我們兩人，正如同生活在這片土地的許許多多人，不再有外省人、本省人之分，從現在開始，我們都是一家人了。

宗教信仰，助我幫柯文哲推倒藍綠的高牆

不希望再區分彼此，正是我在七月十七日點頭答應出任柯文哲競選總幹事的理由，而中間的轉折與關鍵因素，就是我的宗教信仰。

其實我跟柯文哲根本不熟，先前對他的印象，停留在前總統陳水扁女婿趙建銘案時，趙建銘被停職卻仍自由進出臺大醫院，當時擔任臺大醫院外科加護病房主任的柯文哲跳出來痛批，要求臺大醫院不能包庇趙建銘。那時候，我很佩服他有自己的是非觀念，但最多就是認識這樣的柯文哲而已。

後來，柯文哲宣布參選市長，我仍然跟他沒有太多交集。直到有一天，有位學者來找我，說他現在幫忙柯文哲上市政課程，問我願不願意給柯文哲上課？於是我點頭答應。

上完這課以後，隔了兩、三天，柯文哲又聯絡我，說他還有一些問題想請

教，然後我們就開始交換意見，他三不五時會來找我，就這樣一次又一次地交談。

大概過了一個半月，柯文哲約我在一個朋友家談，話講到一半，他忽然抓了抓頭髮，眼神專注地看著我，接著眨了一下眼睛問：「姚老師，你願不願意來做我的總幹事？」

當時，我嚇了一大跳，一時恍神，思考了幾秒鐘後，語氣緩緩地回答：「其實我不必跳出來幫助你！」接著，我不疾不徐解釋，我是滿欣賞你的，所以我只要在媒體上每天替你講話，就算是幫助你了。

我比劃一下自己的臉，接著說，我長這個樣子，就很藍，可以在電視上幫你多講幾句好話。我不要浮出檯面，對你就很有幫助。

語畢，柯文哲沉默一會兒，沒有再多講什麼話，重新回到我們原本在討論的議題。一直到時間結束，他默默離開，繼續跑他下個行程。

之後，柯文哲三番兩次用簡訊遊說我擔任總幹事。我仍然推辭，還跟他推薦了一些人，但他都不滿意。雖然多次拒絕他，但是我心中仍然琢磨著，深知自己面臨另一個嚴峻考驗，卻因爲心裡還有很多難處、很多打不開的結，開始有許多疑問。某一天，一位幫我打過選戰的夥伴跟我聊到九合一選舉，我跟他說受柯文哲邀請但我拒絕的事，他居然說：「姚老師，你記不記得，你幾年前就跟我說過，上帝給你一個任務：要使人和睦。」

這句話像雷一樣灌進我，我趕緊衝回家，找來太太討論。對於心中的疑慮，夫妻倆如往常慣例，跪著一起祈禱，求問上帝給我們答案，了解祂的心意。禱告後，我們互相分享，發覺兩人不約而同都有一樣的感動，兩人便一起讀起《以弗所書》第二章十四節，保羅所傳：「因祂使我們和睦，將兩下合而爲一，拆毀了中間隔斷的牆。」

當下，我們知道這是神給我們的呼召，不是使人紛爭，是使人和睦，要消弭爭鬧對立的情形，使之兩下成爲一體。換句話說，上帝給的任務是「兩下合而爲一」，不是把一國的人拆成兩半，是把原來拆解的合而爲一。

我倆當下決定通知柯文哲，我願意擔任競選總幹事。柯P聽了很高興，就請我寫一段聲明，他自己也寫一段。

於是，二〇一四年七月十七日清晨，我在臉書寫下一段文字，說明決定的關鍵是，我想用這個行動來證明，臺灣牢不可破的「藍綠對立」是可以改變的。

柯是二二八受難者家屬，我的父母則來自中國。他比較偏綠，我曾經是新黨黨員。他是受刑人阿扁的醫師，我是倒扁紅衫軍的副總指揮。但是，我們有一個共同點：不願坐視臺灣被無止盡的「藍綠惡鬥」虛耗殆盡。

因此，我們達成一個共識：要為臺灣打造一個不問「藍綠顏色」，只重「是非黑白」的政府，而且從臺北市開始。

我內心的想法是，臺北市是首善之區，在臺灣政治版圖的重要地位不言而喻。從一九九四年市長改由民選之後，就是藍綠兵家必爭之地，除了首屆市長選舉由民進黨提名的陳水扁攻下，爾後當選的馬英九、郝龍斌都是國民黨籍，想要消弭藍綠對立，臺北市當然是最重要的指標。

隨後，收到柯文哲所寫的聲明時，我真的嚇了一大跳，他寫的主題幾乎跟我一模一樣，內容大致是我在演講中表達的：「你跟我站在一起，我是二二八的受難者家屬，你是外省家庭，你的太太也是外省家庭，還是眷村長大的。我被認爲是深綠，你被認爲是深藍。我們倆只要站在一起，可以理性交談，可以合作，全臺北的市民都知道，藍綠就能和解。」

當下，我眞實感受到「和解」的意義。我們雖然有不同的過去，但這些都不是我們自己選擇的，你活五十幾歲，我活六十幾歲，這五、六十年都是我們共同擁有的，現在我們兩個可以交談，我們有共同的是非觀念，我們對臺灣有著同樣的感情，所以這一段是共同的。

沒有接觸，就有成見，那座高牆就越不過去。

「互相了解，互相接納」，先假設對方跟你是不一樣的，你才會傾聽他的道理，否則一聽就恨，雙方就排斥，這樣會惡性循環。

這就是我爲什麼參與臺北市這次的市長選舉，因爲柯文哲和我都有共同的理想，想要超越那面藍綠的高牆，以及那道高牆背後的種種。隨著時代改變，大家共同的部分越來越多，不同的部分越來越少，和解的時刻就會到來。

二〇一四年十一月二十九日這一天，訴求「推倒藍綠高牆」的柯文哲，以白色力量橫掃八十五萬票，大勝對手連勝文，入主臺北市政府，成爲首任無黨籍市長。

我感受到了，我們所共同期盼的「雖然有不同的歷史經驗，但擁有共同的現在，也可以有共同的未來」的時代，正在一步步向我們走來。

第二章

二二八與老軍頭

二十幾歲，在德國第一次聽到二二八

要走向共同的未來，我們所需要推倒的高牆不僅僅是藍綠，還有眾多不公平、不正義所造成的對立與差距。

揭開眞相、清理創傷，包括二二八事件、白色恐怖等歷史的傷口才能眞正癒合。眞誠面對社會的不平等，撫慰、彌補弱勢者的苦難，將某些掌權者「說一套、做一套」的敗行劣跡攤開在陽光底下，一道又一道的高牆才有可能倒下。

遇到跟二二八事件相關的問題，觸景傷情的絕對不只柯文哲一個人。因爲，儘管這個話題已不再是禁忌，但是歷史的完整眞相、威權統治的遺緒，至今仍然沒有獲得妥善的處理。

你可能會說「二二八」都寫進教科書，而且也有紀念日了，究竟還要怎樣？

這，要從我的「二二八」經驗談起。

如果問現在的大學生，二二八是什麼呢？有些人可能會告訴你，二二八是不用上課的國定假日，對這個歷史事件的印象也大概停留在教科書所說的：因爲大稻埕緝菸而引發全臺動亂的清鄉與武力鎮壓。

普遍來說，一般人已經不再避諱談論二二八了。然而，對我那個年代的許多人、特別是像我這樣的外省子弟來說，一直到大學畢業，二二八事件這幾個字，連聽都沒聽過。

一九七二年到七六年間，我就讀輔仁大學法律系，雖然那時還是戒嚴時期，並不影響我想改革社會體制的熱情，常常與人慷慨激昂地辯論，也接觸過反對勢力，對臺灣的反對運動已經有所了解，但那時不曾有人提及臺灣曾經發生二二八這樣的事件，當然也不清楚事件的始末與全貌。

一九七七年夏天，我如願以償通過考試，留學德國海德堡大學。海德堡是歐洲古老的大學名城，圖書館古色古香、藏書量豐富，喜歡閱讀的我，隨性徜徉書海，喜歡什麼就讀什麼，就在那裡，在談論臺灣的書籍裡第一次接觸到二二八事件的文獻資料。

在德國接任學生會會長的我，當時是因爲舉辦讀書會與政論性活動、和支持黨外的同學接觸，所以才會在圖書館借閱當年臺灣的禁書，就這樣讀到二二八史料，令我非常震驚。

對臺灣如此重大的歷史事件，我居然活到二十幾歲、遠在異鄉的海德堡才第一次聽到，這是非常不可思議、完全無法想像的一件事。那麼，其他跟我成長背景類似，但是不那麼關心政治、沒有機會出國的人，豈不是要一輩子被蒙在鼓裡？

我在海德堡看到的資料都是片段的，經過拼拼湊湊才約略知道，一九四七年二月底，位在臺北市大稻埕太平町（今延平北路），有專賣局查緝員發現婦人偷賣私菸，取締過程造成民眾一死一傷，導致群眾不滿，包圍專賣局抗議，越聚越多人，後來引發中央政府派軍隊來臺血腥鎮壓。

爲了一個單純的緝菸事件，政府竟派軍隊鎮壓屠殺人民？我幾乎不敢相信，直覺地認爲，一定有外界所不知道的內幕。爲了想知道更多，於是提筆寫信跨海詢問人在臺灣的爸爸，想要打探究竟二二八發生什麼事？

沒多久收到爸爸的回信，我迫不及待拆閱，只見爸爸在信中輕描淡寫地告訴我，二二八發生的時候，他還沒到臺灣來，所以並不知道前面那一段的詳細情況。他意有所指地說，只知道臺灣有一段貪官汙吏橫行、民不聊生的過程，但事實如何他也不清楚，要我好好念書，少管這種事情。

大家要曉得，臺灣當時還在戒嚴時期，爸爸講得很謹慎，深怕會被誤解，因爲凡事必須小心翼翼，不能隨意開口。這樣的解答，當然不能滿足我的好奇心與求知欲望，從那時候起，我不但沒有聽爸爸的囑咐「少管這種事情」，反而不停追尋二二八的光與影。

只要有人告訴我哪個城市有資料，我立刻開著車往哪裡跑，不管什麼雜誌、報紙、書本、文獻，能借的就借、能塞的就塞、能搬的就搬，整車整箱運回家，往往來回都是上百公里的路程。就這樣，前前後後開車五、六百公里，從北到南、由東至西，走遍整個德國各城市，只要有一點眉目，即使只有幾張紙我也不辭辛勞，就是爲了多讀一些東西，多了解一些臺灣過去的片段。

那些資料都是我聞所未聞的故事。我們也利用讀書會進行討論，但礙於大家年紀都太輕，根本沒經歷過二二八，身邊也沒有二二八受難家屬，只能純粹就這些書面資料一點一滴去拼湊，很多事情根本無法證實。

第二個二二八事件，至今懸案未破

一九七九年十二月十日，臺灣發生美麗島事件，多位黨外運動人士被捕，其中包括臺灣省議會省議員林義雄。隔年二月，林家位於臺北市信義路的家宅發生滅門血案，老母親游阿妹身中十四刀，與雙胞胎幼女林亮均、林亭均都當場喪命，被刺六刀的大女兒林奐均重傷，幸而最後存活下來。

當時，在德國的我們紛紛推測，到底是誰殺害林義雄的家人？林宅都有特務層層監控，殺手竟然還能入侵，大家難免懷疑是不是國民黨幹的？但是，我們沒有一個人察覺，林宅滅門血案也是在二月二十八日這天發生的。

一九八六年仲夏，我學成歸國，對於林宅血案懸而未破的疑惑始終揮之不去。但臺灣那時還沒解嚴，很多事情不能問太多，就一直懸在心頭上。

直到二〇〇六年，我參與紅衫軍運動，剛好有機會跟施明德聊天，靠過去問他：「那年，一九八〇年，爲什麼他們要殺林義雄的家人？爲什麼有人要做這些事？」

施明德一聽，隨即轉過身來，一臉不可思議地看著我說：「你連這個都不知道啊！那一天是二二八啊！」

面對施明德充滿質疑的眼神，我忍不住嘀咕：「二二八又還沒有破案，我怎麼會知道呢！」還錯愕地反問施明德：「什麼那天是二二八？二二八事件不是發生在民國三十六年嗎？」

施明德沉默了一下：「不是！林義雄家發生血案，那天也是二二八。」

「喔！竟然有這種事。」我當下一驚，隨即皺著眉跟他說：「從來沒有人特別告訴我們，林宅血案也是二二八。」

施明德既驚訝又激動地說：「你怎麼連這個都不知道呢？以前二二八……所以這次也刻意選在二月二十八日那天殺人，好『震嚇』臺灣人，要我們閉嘴、安靜！」

我當然知道二二八事件，對於林義雄家每年在義光教會的追悼新聞也有印象，但很汗顏地，向來沒注意到兩者的日期是相關的，也從來不曉得，反對人士認定這林宅血案是國民黨刻意選在二月二十八日這一天再次給臺灣人一個訊息，特別威嚇警告黨外運動人士，要這些人不准亂來，否則可能危及他們最親愛的家人。我從來沒有料想過這樣的動機與答案，還以爲是個單純的血案。

我跟施明德打賭說：「不是我一個人不知道，不然你去問十位外省人或者軍公教，有誰知道林義雄的家人是在二月二十八日這天被殺死的？如果眞的有人知道，我就承認自己很無知。」

過了一年左右，施先生向我證實，他事後眞的去詢問了好幾個人，包括曾經擔任政府首長的國民黨人士，都沒有人特別注意到林宅血案日期正巧在二二八。直到今天，血案未破，這個質疑也無法得到眞正的答案。

由此可見，那時候的資訊是多麼封閉，政府完全不想讓大家知道二二八事件，以及新二二八事件的信息與眞相。

從此我清楚明白，臺灣還有太多歷史事件的眞相沒有大白。如果不去追尋，不只我父親那一代、我這一代、我們的下一代，許許多多人都還活在自己的圍牆裡，並不知道外面的眞實世界。

這種蒙蔽與隔閡，妨礙彼此的了解與諒解，也讓那道心牆更加巨大了。

沒落貴族軍頭與凋零的老芋仔

二二八事件之後，臺灣歷經漫長的白色恐怖與戒嚴時期。在那段時間，少數權貴掌控一切資源，例如軍方就有一批高階將領，當年被共產黨打敗，倉皇潰敗逃難到臺灣，卻因爲戒嚴體制而得以耀武揚威，享受榮華富貴。

這批老軍頭當時灌輸我們仇共的觀念，一天到晚宣傳共產黨多麼邪惡、多麼沒有人性。先前騙我們要反攻大陸，後來又騙我們要三民主義統一中國，有人只是唱唱中華人民共和國國歌、看看中國資料、聽聽中國廣播，就以叛亂罪逮捕他們，製造了許多冤錯假案的白色恐怖事件。

白色恐怖時期遭到迫害的，有臺灣籍也有外省籍。有的人一去不復返，身後留下驚懼不已的家屬，有的莫名其妙蒙受好幾年的牢獄之災，即使最後得以出獄，他們的家庭、他們的人生也完全變了一個樣子。結果，當初宣稱這些人

「叛亂」的老軍頭們，如今卻不停往中國跑，接受對岸的招待，和共產黨杯酒言歡，還開始唱中國國歌、看中國節目。

我只能說，這群人是第二次被共產黨打敗，眞是沒出息到了極點，他們的所作所爲看似「沒落的貴族」，其實根本是一生的失敗。

對照這些「沒落的貴族」老軍頭們，當初跟著他們逃難來的眾多外省老兵從來都不是統治階級，當年血戰沙場，躲過槍林砲雨，乘著搖晃不已的船隻渡海才能抵達臺灣，歷經歲月與生活磨難，如今已日漸凋零。

我永遠記得，一九九五年競選立委時，有一天走訪岡山榮民之家，裡頭住著一群沒有子女的外省老兵，大都七十歲以上，年邁體衰、行動不便。那時，榮民之家還未改建，每位老榮民擠在不到兩、三坪大的小房間，環境髒亂、燈光昏暗，四周破敗不堪，如果要洗澡或大小號，就必須拖著不靈活的年邁身軀走到外面，使用公共澡堂與廁所。

有些人羨慕榮民由政府照顧，但這些外省老兵的生活其實並不優渥。在一九六〇年代，即使是士官長，薪水也不過一百四十八元，以當年的生活水準，比現在的印傭、菲勞所得高不到哪裡去。

而且，不少老兵年輕的時候眞的相信政府會反攻大陸，很快就會回到家鄉故土，所以連婚都不敢結，沒想到五、六十年過去了，當年的單身小夥子，一個個變成年老無依的「老芋仔」。

看到這些老芋仔犧牲青春歲月、不顧生命危險爲國家衝鋒陷陣，打日本人、打共匪，灑了多少熱血，僥倖沒有被打死，現在卻只能住在破舊的榮民之家，我內心眞的感到非常沉重！

我的成長背景讓我清楚知道，同樣是軍人、同樣逃難來臺灣，沒落貴族軍頭過得多麼風光，跟老芋仔根本是天壤之別。這群將軍多數是一些我年輕時非常尊敬的長輩、隔壁鄰居的叔叔伯伯，他們多數都是外省菁英，當時的統治階級。

戒嚴時期這些人都是軍官，配房、配車、配隨從，恣意橫行、肆無忌憚，那時算是權力最大的一群人。從一九四九年撤退來臺，一直到一九八七年解嚴，整整在臺灣狐假虎威將近四十二年。

一九八六年，臺灣還沒有解除戒嚴，我剛回國教書，雖然留學時期與中國學生有所往來，基本上還是深信共產黨政權萬惡不赦，認爲在邪惡的共產黨統治之下，中國人民不僅沒有說話的自由，連不說話的自由都沒有。

操著一口北京腔的我，不久就被上級政戰單位相中，邀我前往各軍團演講。我仍然強烈批判萬惡的共匪，在軍中不停告訴同袍一定要反共復國！

一九八七年，蔣經國宣布從七月十五日開始解除戒嚴。距離陳誠以臺灣省政府主席兼警備總司令在一九四九年五月十九日頒布《臺灣省政府臺灣省警備總司令部布告戒字第壹號》，宣告從五月二十日零時起全境戒嚴，已經過了三十八年又五十六天。

然而，人心的解嚴卻沒有那麼快。

「我們忘不了大陸上的同胞，在死亡線上掙扎，在集中營裡苦惱……他們在哀嚎求救哀嚎……我們的兄弟姊妹，我們的父老，我們快要打回大陸來了……」

這段一九六〇年代的〈臺灣好〉歌詞，直到一九九四年、慶祝黃埔軍校建校七十週年的晚會上，還由當年紅極一時的藝人鄧麗君獻唱，讓人有時空錯亂的感覺。

那時臺灣已經解嚴七年了！社會仍然因循舊規，軍方的重要活動場合還在高唱要「打回大陸」，反省的力道完全不夠啊！

令我感到衝擊的是，在軍方繼續舊調重彈「打回大陸」的同時，不少退役高階將領竟然開始勤跑中國。原本宣稱以反共爲職志的他們，和敵人共產黨把酒言歡、促膝長談，甚至在中國對臺灣說三道四，把臺灣批評得一文不值，沾沾自喜的模樣，讓我心裡非常不舒服。

有一次，我搭機前往中國參加活動，碰到一位上將級「沒落貴族」老軍頭，他在飛機上仍然對我數落共產黨當年的不是。沒想到飛機一落地，他欣然接受對岸的接待，從下飛機起就有專車接送，旅館還有專人提行李，他滿臉得意笑容，一點也不以爲忤。

到了活動場合，主辦單位鋪著紅地毯，大家列隊排排站，鼓掌歡迎他蒞臨，將他奉爲上賓，無論走到哪裡都被視爲貴客。從中央到地方的領導不停宴請他吃飯、飯局必定坐在首位，給他住最好的飯店、提供最高級的服務，旅館還有警衛站崗，保全也不時在房門外巡邏，他意氣風發、驕矜自得，就像我小時候看到他的樣貌。

老軍頭的優越感，不是因爲他們是外省人，而是因爲他們是戒嚴時期的統治階層。因爲，戒嚴就是軍事統治，在那段期間眞正掌握統治工具的正是這群高級將領，長期下來養成他們的優越感。臺灣如今是個自由民主國家，他們不懂民主的遊戲規則，被迫淡出公共事務舞臺，所以有些孤寂、落寞。萬萬沒想到由於中國的統戰、拉攏，他們忽然又恢復以前被尊榮對待的狀態，所以就前仆後繼，紛紛跑到中國。

原本嚷嚷要反攻大陸的老軍頭，應該心知肚明對方禮遇是基於統戰策略需求，卻甘之如飴，帶給我很大的衝擊。說眞的我並不反對和中國來往，也不反對與共產黨交流，但我不能想像這群人竟然不再反共，不但不批判共產黨，甚至還巴結對岸的統治階級。最近中國慶祝抗戰勝利七十週年，這群人甚至出席在北京舉行的閱兵典禮。殊不知在閱兵裡看到的武器，將來有一天可能會打到臺灣人頭上，你所敬禮的對象，將來可能是要取臺灣人性命的。對照他們以往的言行，實在是莫大的諷刺與悲哀。

再次強調，我沒有要反中國，臺灣跟中國人民的互動交流相當頻繁，例如學術界、戲劇界、文化界都有往來，這就像我們跟美國人交朋友、跟韓國人交朋友，跟中國人當然也可以成爲很要好的朋友。重點是在共產黨的制度沒有人性尊嚴、沒有免於恐懼的自由，這是我一輩子不能贊同的。

口誅筆伐批評共產黨不民主、不自由、沒有法治的論述，直到現在還是對的。這群人爲什麼能夠心安理得跑到這樣的不自由國家吃香喝辣？這是我所不能忍受的。這個社會應該要有基本的是非觀念，不能扭曲事實，對就是對、錯就是錯。

如果我們無法堅守這一點，因爲眞相不清、眞理不明而聳立的高牆就很難有眞正倒下來的一天。

第三章

媽媽與李登輝

媽媽的仇日故事

二二八觸動臺灣上一代的傷痛，而許多外省族群上一代的歷史創傷，則是日本心結。

二〇一五年，日本雜誌《Voice》九月號刊登一篇專訪前總統李登輝的文章，他認爲「臺灣沒有對日抗戰」的論述，引發執政的國民黨群起攻訐，總統馬英九大動作抨擊他媚日，要求李登輝向國人鄭重道歉，立法院國民黨團甚至傳出醞釀修法取消對他的卸任禮遇。

李登輝，高齡九十二歲的卸任元首，一個老人家述說自己年輕時候的經驗，爲何慘遭藍營的全面撻伐？

二戰期間，李登輝與哥哥李登欽，當時是以日本人的身分代表日本參戰，他的哥哥就是俗稱的臺籍日本兵，爲日作戰陣亡之後，如同其他在戰爭中犧牲的日本人一樣，被奉祀在日本的靖國神社，受到日本首相的祭拜，李登輝還相當感激。對李登輝而言，在中國人對日抗戰期間，他是站在日本這邊跟中國人打仗的，何來「抗日」？

我的家庭剛好完全相反，我的父母親當年是站在中國這邊跟日本人打仗的，特別是我的媽媽，對日本的仇恨刻骨銘心，一輩子都不會遺忘。

接下來要談的是約莫八十年前發生在大陸的，我母親小時候的故事。

我的外祖父留學英國，返國後在燕京大學任教，也就是今日的北大，媽媽小時候跟著外祖父住在燕京大學宿舍。盧溝橋七七事變後不久，北京失守，她就跟著父親返回老家湖南漢壽讀書。

當時她還沒中學畢業。聽媽媽說，抗戰期間幾乎每天都要躲防空洞，聽到警報響起，抬頭隨即可見日軍的飛機在上空盤旋，大家就要衝往防空洞躲避戰火，跑警報、躲轟炸，成了每天生活必做的事情。

媽媽有個表姊，長得珠圓玉潤，兩人年齡相仿，是從小一起長大的玩伴，連睡覺也要擠在一起，誰都拆散不了她們。讀中學時，兩人不僅上學在一起，下課也常黏在一起，整天膩在一塊，就像死黨一樣，總有聊不完的話題。

某天午後，放學回家途中，忽然防空警報大作，她們倆一前一後，驚恐地跑往防空洞，路上只見其他人也急忙衝去躲避。

回想往事，媽媽語氣凝重地敘述，表姊當時跑在她的前方不遠處，剛好一架日本飛機俯衝，就在她眼前丟下一個炸彈，不偏不倚，「砰」地一聲，表姊當場被炸死，她自己也被炸昏過去。

醒來的時候，一個老伯還跟她說：「大姑娘，妳好大的命。」她一心只想找表姊，卻看見表姊的殘缺屍體。舉目望去，到處都是斷壁殘垣、屍首遍地，一些殘肢甚至就在樹上掛著，現場哀嚎聲四起，媽媽只能放聲大哭，坐在路旁等待救援。

當日日軍猛烈轟炸，到處是火海，死傷非常慘重，大家忙著逃難，表姊的屍體根本無人處理，家人就急著帶媽媽逃往其他地方躲避。往後媽媽只要想到表姊就痛哭流涕，對日本人咒罵不已。

我仔細追問過，那次轟炸發生的具體時間？媽媽並不記得。確切傷亡人數多少？她也不清楚。但她永遠記得眼睜睜看著最要好的兒時玩伴當場被日本人炸死的傷痛，從此痛恨日本至今。

失去親人的痛，留給媽媽一道永遠抹不去的傷痕，直到我長大成人，母親仍然持續仇日，所以我家從來沒有買過日本電器產品。

我剛返國在高雄市的中山大學教書，有幾個朋友成立「國會觀察文教基金會」（簡稱：國觀會），在臺北租房子設立辦公室。成立沒多久，有一天媽媽跑來找我，說來看看，要一起吃個飯。

於是，我請媽媽先進辦公室，坐在沙發上稍待幾分鐘，然後簡單收拾一下東西，就帶母親到樓下，找個餐館吃晚飯。

用餐期間，母親幾乎不發一語，臉色從頭到尾都難看到不行。我感覺非常不對勁，就趕緊問：「媽媽，您怎麼了？」

我永遠清楚記得，媽媽冷冷看了我一眼，只簡單地說了一句：「你現在也開始也買日本貨了！」

這時我才警覺，國觀會剛成立時，辦公室急需電視機、錄影機、投影機等設備，辦理採購的總務人員在比完各家國內外廠牌的效能與價格後，幾乎都是採買日本品牌爲主的電器。沒想到我媽媽那天短暫停留，大約只觀察了兩、三分鐘吧，竟然將一切看在眼裡，然後就悶在肚子裡，最後經過我一番解釋，媽媽才釋懷不再生氣了。

對我媽媽而言，日本是敵國，日本人是仇人；對李登輝來說，日本是祖國，日本人是友人，我母親和李登輝對於日本的看法南轅北轍。但是，事情都過去那麼多年了，爲什麼他們對待日本的態度還會有如此大的差別？

這是因爲，每個人都有不同的歷史記憶經驗。我母親親眼目睹最親愛的表姊被日本軍機炸死，即使已經七、八十年，姊妹之情仍然讓她感到悲傷。李登輝的哥哥爲日本而戰死，兄弟之情讓他長年感到哀慟。同一段戰爭時期，同樣揮不去親人死於戰火的憂傷，卻因爲人生經歷的差異，造成我媽媽與李登輝兩人對日本有著截然不同的反應。

媽媽鼓勵我加入新黨、反李登輝！

我們家的故事並不是特例。上一代的經驗，有意無意之間塑造了下一代的史觀，甚至影響下一代的政治選擇。

隨國民政府撤退到臺灣的外省人，對一九四五年之前的這一段歷史懷著特殊的情感糾葛，他們永遠忘不了在中國與日本對抗期間，慘遭日本人的瘋狂燒殺與踐踏羞辱。血海深仇，不共戴天，導致這群外省人至今對日本依舊恨之入骨，內心的沉重難以形容。這樣的歷史經驗，不僅持續糾結著父母那一輩，甚至影響包括我在內的下一代。

我旅行那麼多國家，走遍全世界，唯獨日本的土地卻不曾踏進去過一步。因爲我永遠忘不了，媽媽講到表姊被炸死時，臉上總帶著驚恐的表情，兩手不停顫抖，雙眼泛著淚光，這一幕幕在我腦海裡揮之不去，爲了不想再次傷了母親的心，一直到現在我都沒去過日本。

李登輝執政期間，臺灣與日本建立了相當密切的關係。他從小接受完整的日本教育，臺北高校畢業、赴日本京都帝大留學，說得一口流利的日語，不時在某些場合發言誇獎日本有多好。他這些稱讚日本有多棒的談話，不時被我媽媽聽到，每次都氣得要死，狂罵李登輝的不是。

一九九三年一月，李登輝強硬拉下郝柏村的閣揆位置，全面掌握國民黨的最高權力。同年八月，國民黨黨內的新連線成員趙少康、王建煊等人號召，爲了反對李登輝的臺獨傾向，宣布脫離國民黨，成立了新黨。從那時起，母親就積極鼓勵我參加新黨，顯見我媽媽有多麼不滿親日派的李登輝。

二〇〇〇年政黨輪替後，民進黨內部有不少親日派。在民進黨執政初期，陳水扁爲了強化提升與日本的關係，非常重視對日工作，找了獨派色彩濃厚的黃昭堂、金美齡等人擔任總統府國策顧問，這群人又是受日本教育、留學日本的，尤其是金美齡，不時公開強調日本如何如何好。對於這一批人，我媽媽當時也是氣得要死，恨得牙癢癢，直接挑明最不喜歡他們，認爲他們都是日本迷，甚至是日本狂。

後來我退出新黨，有人邀請我加入民進黨。我利用每週一次兄弟姊妹回父母家吃飯的機會，在餐桌上提及這件事，詢問他們的想法如何？結果大家一片沉默，默默低頭吃飯，飯後也一如往常繼續閒聊，我以爲這個話題就此打住。等我說要回家了，鞋子穿好、人都已經快跨出家門，媽媽才遠遠地在我背後拋出一句：「立明，你如果加入民進黨，以後就不要回來吃飯了。」

套用時下最流行的話，我媽撂下這句話的態度大概就是：「Over my dead body!」現在回想起來實在有點好笑，但也再次點醒我，想擺脫上一代糾結的歷史心結有多麼不容易。

跟李登輝不打不相識

幸運的是，我們固然受到上一代的歷史記憶影響，但並不代表永遠不會改變，也不必然會世代「傳承」下去。因爲，我們有自己的成長軌跡，也有不同於父母那一輩、屬於我們自己的經歷與體驗，就像我對李登輝與他的日本論述，跟我媽媽的感受並不相同。

李登輝比我父親小兩歲，從年齡上講，他是有如父執輩的長者。我跟他原本沒有交集，參加新黨的時候也高舉反李登輝的大旗，爲何後來我們兩人私底下關係轉好，一直到現在呢？

一九七八年，蔣經國任命李登輝爲臺北市長，當時我剛到德國留學不久。一九八四年，蔣經國拔擢李登輝爲副總統，那時我仍在德國，撰寫博士論文的最後階段。一九八六年我才回國，到高雄的中山大學擔任教職工作。

蔣經國晚年打算解嚴，我剛回國教書不久，受委託寫一篇〈解嚴的法律問題研究〉報告，也應邀參加一場官方舉辦的座談會。當時，主流派的專家學者主張，戒嚴是經過立法院同意的，所以解嚴也要立法院同意，我在現場批評這些前輩的觀點，抨擊這種見解完全背離「憲政主義精神」。

我認爲戒嚴要立法院同意，是因爲部分法律的效力因而停止，而且會剝奪人民的自由人權，當然需要代表民意的機關、也就是具有民意基礎的立法院同意。但是，解嚴是恢復人民的權利、還給人民自由，怎麼會需要立法院同意呢？行政機關（行政院院會）做成決議，交由總統宣布解除戒嚴令就可以。

沒想到因爲我這一番言論，研討會結束後，一些任務便出其不意落到我頭上，我三不五時就被叫到臺北，偶爾進總統府被「諮詢」一下。

一九八七年七月，蔣經國解除實施三十八年的戒嚴令，隔年的一月在總統任內逝世，依中華民國憲法規定，由副總統李登輝繼任總統。

李登輝上臺後，積極推動修憲，在召開國是會議前夕成立憲政改革策畫小組，指派當時的副總統李元簇擔任召集人、總統府祕書長蔣彥士爲副召集人、行政院副院長施啓揚負責策畫憲改事宜。

於是，施啓揚找了那時候的研考會主委馬英九籌組一個「資料小組」，李念祖、蘇永欽跟我都是這個資料彙集小組的成員，專門做修憲的幕僚工作。那時，我開始有機會單獨與李登輝見面，談論憲政問題。

一九九〇年六月二十八日，李登輝召開爲期六天的國是會議，朝野人士、專家學者、民間社團成員，上百人齊聚在臺北圓山飯店討論，最後李登輝在國是會議演講提出「一機關、兩階段」的修憲途徑。會議結束後，他爲了感謝幕僚群，特別邀請我們去總統官邸吃飯。

那一天，我提早到臺北。六點的飯局，從高雄上來的我不到五點就抵達臺北火車站附近，心想沒有事先約其他朋友，也不好意思去打擾他們，一時沒地方去，要去哪裡好呢？於是，乾脆在路邊隨手攔下一輛計程車，上車就說要去總統官邸。

計程車司機聽到嚇一大跳，忽然轉過頭來，一臉狐疑的表情問我：「總統官邸？」我用很堅定的語氣回答：「是的，沒有錯！」路上司機還邊開邊複誦，確認他眞的沒有聽錯。

計程車一路來到總統官邸大門口，甫一靠近，門口崗哨哨兵立刻持槍大喊：「退後，不准過來！」一時僵持不下，司機不知道怎麼辦，我趕緊搖下車窗，探頭說：「我是來吃飯的！」

我既沒有西裝筆挺，也沒有黑頭轎車專送，活像個「死老百姓」模樣，哨兵剛開始還不相信，通報確定以後才放行進去。

經過一塊平坦的院子，終於來到官邸正房門口。我趕緊付完車錢下車，聽見房門內有人開門叫我進去，一走進房內，便看見李登輝在裡面，他很親切招待我喝杯茶，當時就我們兩人坐在客廳一起「抬槓」。

我到現在還記得，那天我們一開始還相談甚歡，直到李登輝提了一個問題：「姚教授，你認爲憲法最大的問題在哪裡？」

當時國是會議剛召開完，結論原則是確定採「一機關、兩階段」，國民大會準備按照這個建議進行修憲任務。當下，我認爲李登輝「這問題問得非常好」，身爲幕僚的我必須表達最眞實的一面，以憲法專業背景提供他最好的建言。

那時候，李登輝打算把動員戡亂時期最重要的權力機構，包括國家安全會議、國家安全局、行政院人事行政局等，透過修憲方式提供法源依據，將它們保留下來，把原本傾向內閣制的憲法改爲傾向總統制，甚至擴張總統的職權。事後證明，這造成總統欠缺監督制衡，權責不符的問題一直延續到今天。

我當時整理一下思緒，給予非常肯定的答覆：「其實憲法本身沒有太大的問題，施行至今只有一個問題。」李登輝瞪大眼睛，追問了一句：「那是什麼問題？」

我說：「憲法目前遇到的問題是，做領袖的人，是要把自己的理想放在憲法之上？還是把自己放在憲法之下？也就是說，一個做領袖的人，願不願意自己受憲法約束。如果做領袖受憲法約束，憲法就沒有問題，如果做領袖不受憲法約束，憲法就有問題。換言之，就是做領袖服不服膺憲法……」

我話都還沒說完，李登輝的臉馬上就垮了下來，認爲這番話是針對他，我分明在講他的不是。他隨即提高聲調，大聲地對我解釋一大堆，我只講了三、五句，他卻講了十幾分鐘。

還記得，李登輝那時氣急敗壞地拉高分貝告訴我，他爲什麼要這樣做，是因爲權力基礎若不穩固，他根本沒辦法改革。

我絲毫不給李登輝好臉色，用力揮著手勢比劃說，這一部分不行的。李登輝很生氣回應，他一定要先抓到權力，所以要由他來改憲法。

於是換我伸長脖子，對他大聲駁斥，如果每個做總統的都在憲法之上，永遠是人治，那就永遠不會是法治。

李登輝不等我說完，一臉不悅又加大音量插話說，要這樣做以後憲法才會更有權威……此時我也不遑多讓，完全不理會李登輝是否說完，不爽地嚷嚷著：「不可能！這樣憲法永遠沒有權威，未來任何一個總統都不會有監督機制，國家永遠都不會是憲政國家。」

一言不合的我們爭得面紅耳赤，大吵一架，聲音大到連站在外頭的侍衛都聽到了，他們大概聽得都傻眼了，卻沒有人敢出面說一句話。就這樣，他一言，我一語，相互爭論不休、互不相讓，各持己見，場面漸趨激烈火爆，彼此僵持到當天晚上吃飯。

年紀最小的我，當晚飯局被安排坐在李登輝的右邊，他的左手邊就是馬英九，對面則是李元簇等人。用餐前，李登輝一一詢問每位客人喜歡喝什麼酒，愛嘗紅酒的，就請管家持酒瓶向杯子斟紅酒，想喝高粱酒的就倒高粱。

最後問到我，因爲我從不喝酒，加上心情還未平復，就冷冷地回答：「我不喝酒的，我就喝可樂。」李登輝聽到反應超傻眼，緩緩地說：「家裡沒有可樂，那你就隨意喝一點吧！」

當下，我直接回絕並且反嗆李登輝：「我一點都不隨意！」

一時之間，氣氛變得很尷尬，餐桌上的每個人，我看你、你看我，有人趕緊轉換話題，化解僵持的局面。吃到一半，大家逐一向李登輝敬酒，盡說一些他愛聽的話，就我一個人從頭到尾沒有敬酒，也沒有講祝福的話，只顧著吃自己的飯，完全不理會李登輝。

不一會兒，大家開始閒話家常，李登輝主動關心每個人目前的狀況，他問我在高雄工作怎樣？搬來臺北住如何？我又毫不留情面地吐槽說：「臺北現在不適合人居！」

此話一出，李登輝的臉色越來越難看，直到蔣彥士講了一個典故緩和氣氛，雙方才停止爭論。

用餐結束後，更好玩的事情發生了。

李登輝站在門口送客，侍衛就站在他旁邊，負責將包裝精美的兩罐酒、一盒禮物傳遞給李登輝，依序送給客人當作伴手禮，然後再寒暄幾句，互相說再見後，隨即就有黑頭車開進玄關，前來接自己的老闆回家。

最後輪到我時，李登輝跟我握手說聲謝謝後，卻不接下伴手禮轉送給我。眼見李登輝遲遲不肯動作，我心想：「他不拿給我，我就自己來拿。」於是我繞過李登輝，直接走到侍衛前方，「主動」拿了一份伴手禮，很自然地提著就往門口外頭走。

李登輝突然出聲，疑惑地問我：「姚教授，你要怎麼走呢？」因爲他看見馬英九已經步出門口，後方再也沒有其他車輛。當下我也愣住了，隨即回過神來，傻笑向李登輝說：「那你可不可以幫我叫一部計程車呢？」

這時，原本已經坐進車子的馬英九立刻從座車裡跳出來，回過頭抓著我的手說：「立明，我送你出去。」然後，我就坐上馬英九的車離開，結束這場驚魂記。

一上車，馬英九拍拍我肩膀，安撫我說：「立明，忍一忍！」我記得當時回了一句：「總是要講道理啊！」兩人就一路沉默到機場才互道離別。

現在回想起來，雖然我就事論事，一心以爲既然要討論問題，根本不管你是誰，照嗆無誤，言詞用語有些不恭不敬，李登輝的年齡及身分都是長輩，說眞的，我也算是不禮貌。

不過套用「不罵不相識」的老話來形容，這次事件至少讓雙方見識到，我們都是堅持講道理的人。這些年，我還有幾次跟李老先生見面的機會，跟他的關係還算不錯，因爲他曉得我的個性，我也很尊敬他。

前兩年的過年，李登輝還親筆寫下鄧小平的二十八字箴言送給我：「冷靜觀察、穩住陣腳、沉著應對、韜光養晦、善於守拙、絕不當頭、有所作爲」，惕勵我行事應該有爲有守。

跟李登輝之間的互動，讓我可以超越母親的仇日記憶，體認他們兩人面對日本的不同心境。因此，當李登輝講出臺灣在二次世界大戰與日本是同一國，他並沒有參加中華民國的對日抗戰時，我是可以理解的。看到馬英九竟然大罵他「出賣臺灣、羞辱人民、作賤自己」，藍營更是全力批鬥，我眞的覺得非常不公平。

後來父親打電話問我：「爲什麼李登輝在電視上講，他沒有抗日？」我在電話這一頭解釋說，二十來歲的李登輝，當時確實是日本人，是站在日本這邊跟中國人打仗的，所以他當然沒有「抗日」。

爸爸聽我解釋後，隨即說一聲：「喔，難怪！」也不再罵李登輝了。

就連我父親這麼具有中國情懷的人，了解事實之後，都能理解李登輝講述的是他的歷史經驗，是他從自我歷史情感出發而形成的觀點。反觀部分新黨人士，卻只在乎自己的史觀，狹隘地以爲天下人的經歷都應該跟他們一樣。

以前連看到日本電器也會生悶氣的媽媽現在年紀大了，喜歡看韓劇，我偷偷借了日劇混在其中，她也照樣看得津津有味，還會跟我稱讚男主角很帥之類的。對她而言，隨著年歲，仇日情結也逐漸鬆動，不再那麼逢日必恨了。

因爲不同經歷而產生的感情，本來就沒有對錯。然而直到現在，我們還看到有人相互嘲諷，有人在撕裂傷痕。我越來越痛恨，有一些自稱「正港臺灣人」的人，莫名其妙嘲笑老兵年年回大陸去尋根，我也討厭一些傾向統派的人不明就裡，謾罵老李讚美日本。

我們眞正需要的是尊重彼此的記憶，要做和解的工作，不要再撕裂情感。我們應該互相理解、體諒各自的情感和過去，努力建立一個相互尊重的社會，而不是一次又一次拉開彼此的距離。

「使人和睦」，促進社會的相互包容，這是神所給我的話語，也是我現在最想做、最該做的事情。

第四章

外省人與我

活在「無菌室」的外省人

從出生到現在超過半世紀，除了德國留學那幾年，年過花甲的我，打從在娘胎裡面就一直住在臺灣，是道道地地的臺灣人，但是因爲我長得一臉「藍軍」的樣子，說話又帶著母親中國北方腔調的口音，至今還是很容易被認爲是「外省人」。

國民政府撤退來臺，帶來兩百萬外省人，他們的子女像我一樣，即使在臺灣出生、成長，卻因爲政治及社會等因素，向來被稱爲「外省第二代」，許多人也一直以「外省人」自居。

接下來所要談的，是我身爲「外省人」的生命經驗。

外省人一定就是統治階級嗎？其實不然。正如同其他族群一樣，外省人也有很多種，有高層的國民黨官員、將領，也有基層公務員、榮民、教師、工友等，屬於底層階級的外省人占絕大多數。然而，跟一般臺灣人不同的是，外省族群通常生活在眷村，自成一個特殊的生活型態與文化系統。

眷村，被稱為「竹籬笆內的世界」。現在回頭看來，被圍牆包圍的眷村，讓多數外省人生活在封閉的環境裡，受到政府過度保護的同時，也因為一心相信政府說什麼就是什麼，被蒙蔽了將近四、五十年。這群人多數沒有認真地思考過，臺灣真正的世界是什麼？

我當然也不例外。直到有一天，我嘗試跳出這道高牆，試著從這個密室掙脫出來，探頭看一看外面，這才猛然驚覺，竹籬笆牆內外好像是兩個世界，同時也發現，我的掙脫，讓竹籬笆內外的人通通對我不諒解，搞得我裡外不是人。

我的小學生活從復興小學的南陽街舊址開始。當年，老蔣夫人興辦的復興小學算是外省權貴學校，學生多半具有很好的家世，父母大有來頭，不是五院院長、部長、將軍、司令、校長、黨部高層，就是有錢人家，而且都是外省孩子，幾乎沒有本省籍學生。這種特殊的背景，彷彿是一座「外省堡壘」。外省籍的爸媽將外省孩子聚在一起教導，就像將自己人圍在「城堡」裡面，以免遭受外面的侵害。小時候，我確實誤以爲這群外省人就代表生活在臺灣的所有人。

同學個個家世顯赫，相形見絀的我卻初生之犢不畏虎，只要不對，管你是誰家的孩子，就算天皇老子也照樣得罪。有一天，下課時間遇到一個大塊頭，我熱情邀他一起玩「騎馬打仗」，壓根兒不認識這個學長就是蔣介石的寶貝金孫、蔣經國的愛子蔣孝勇。

我們兩兩一組，由個子較大或年齡較長者當馬，個子較小或年齡較輕者當騎士，互推互拉，整個過程非常激烈火爆。我有些運動天分，蔣孝勇那組的騎士沒兩下就被我拉了下來。

沒想到蔣孝勇不服氣，輸了耍賴，暗暗踢了我騎的「馬」。個頭較小的我，當下只覺得他不對，立刻衝上前去賞了他幾拳，雙方在地上扭打成一團。我完全不知道人家來頭有多大，左一拳、右一拳，心裡面想：「輸了還不認帳，誰怕誰呀！」

結果，兩人被「提進」校長室。根據以往的經驗，校長方志平一定先訓斥一頓，接著找訓導主任王振寰或是比較壯碩的男老師，一臉殺氣地拿著板子猛打學生兩邊屁股，打到屁股紅腫刺痛才會停手「釋放」。

這場架我心裡已經有準備會被狠K一頓，奇怪的是，方校長只有唸一唸而已。印象裡，校長面有難色、一臉無心究責的模樣，急著叫我們回去上課。那一次，應該是我犯錯被叫進校長室卻唯一沒有挨揍的一次，記憶特別深刻，隱隱約約感覺似乎有特別的「階級」與「特權」。事後才知道，那個長得有點像外國人的高個子學長，爺爺居然是蔣總統！

在那樣的年代，蔣介石政權是神聖不可侵犯的，蔣家金孫們從小備受疼愛，求學過程上自校長、下至老師，沒人敢動他們一根汗毛。萬萬沒想到，天不怕地不怕的我不知好歹，居然敢動手打了蔣孝勇，還差點把人打傷，難怪校長一臉驚恐，急忙叫我趕快回去，不想讓我知道太多。如今回頭去看，校長的「保護」動作，完全是爲了避免衍生更多問題。

無知外省小孩，惹火臺灣村民

或許你們會想，校長息事寧人，一方面是爲了蔣家金孫，另一方面也可能是因爲愛惜你姚立明很優秀，跟外不外省沒什麼關係嘛。

那可就大錯大錯了。大家看到我後來留學德國，年紀輕輕拿了法學博士學位，回國馬上進大學教書，當過大學系主任，選上立法委員，一定以爲我從小就很會讀書，柯文哲競選臺北市長的過程，還有網友封我爲「神算」。其實我小時候笨得不得了，笨到小學讀了七年、初中念了四年，同班同學特別多，因爲我讀過的班級硬是比別人多了兩屆嘛。

我笨到什麼程度呢？還記得小學有一題數學：甲、乙兩人，原本每人各有十元，若乙給甲五元，試問，甲比乙多多少元？答案是十元，讓我跟另一個同學百思不解。

當時，我們各自向家人借了十元，眞的一個個銅板去數。我給他一元、二元、三元、四元、五元之後，訝異地發現他眞的比我多了十元。

這訝異沒讓我們豁然開朗，反而讓我們跌入迷霧，想破頭還是搞不懂那個原理。發呆到後來，乾脆拿著那二十元去買零食、打保齡球，悠哉悠哉度過一個下午。

上高中之前，我唯一考過八、九十分的，應該是十七歲第二次讀初二時吧，我好高興，拿回去給爸媽看，我媽媽滿臉笑容，也沒多說什麼。事隔好多年，等我長大留學回來，她才告訴我，當年是智力測驗啊。

可見我多笨，根本不懂，反正老師發卷子也說是「測驗」，就照答呀，改完就發回來要我們給家長看。我亂高興的，生平第一次考這麼高，根本不曉得原來智力測驗滿分不是一百分耶。

所以，校長的保護絕對是另有隱情的，如果不信，就再聽聽下一個故事。

小學五年級，我成績不及格而留級，卻照樣調皮搗蛋愛打架，讓校長與老師頭疼不已。後來，師長們「以夷制夷」，派我去當糾察隊長，其他調皮的學生當糾察隊員，想不到我捅了更大的婁子，數百名村民帶刀團團包圍學校，一度想衝進校園抓出惹禍的我，差點讓校長招架不住……

那時，復興小學已經從南陽街遷校到現在的仁愛路圓環旁邊，也才半個世紀前，學校附近都是稻田，對面是農田灌溉用的瑠公圳支流，不遠處還有不少墓地，跟高樓林立的今日景觀大不相同。後來才知道，稻田再過去有個村落，村民以本省人居多。

每到放學時分，復興小學校門口就停著一排排三輪車，都是有錢人家派來接孩子回家的，負責站崗維護秩序的糾察隊責任重大。有一天，我發現一群學生聚集在校門口對面嬉鬧，秉持隊長職責，趕緊趨前請他們快速離開。

同學們離開之後，我發現他們剛剛嬉鬧的地方有幾只骨甕，可能被強風吹倒撞破了，裡面的頭骨、手骨、腳骨掉出來散落一地。調皮的我膽大包天，不但沒被屍骨嚇到，還呼朋引伴，吆喝糾察隊員別錯過這個大好機會，將手骨當盾牌、腳骨當成劍，相互攻擊玩樂，大家玩得不亦樂乎！

我們將頭骨當成足球般踢過來、踢過去，一不小心，有顆頭骨被我踢進了大溝圳。我趕緊跳下水溝，撈了半天，結果什麼都找不到。想一想，算了，索性就背著書包回家了。

沒想到，村長隔天帶領村民拿著鋤頭、鐮刀包圍學校，在校門口大罵校方，不惜闖進學校要抓肇事者。校長不停道歉，猛彎腰陪不是，村民依然憤怒不已，不停咆哮誓言一定要抓到「那可惡的人」，才會善罷甘休。

這時，我才驚覺自己闖禍了，原來散落一地的正是他們祖先的遺骸。因爲本省人有「撿骨葬」的習俗，往生者土葬數年之後，子孫會慎重擇日舉行撿骨儀式，將屍骨裝入「奉金甕」之中，然後再移葬到宗祠或是家族的墳地，讓後代子孫定期弔念祭拜。

可是外省小孩完全沒有宗祠概念，無知的我竟然拿人家的祖先遺骸把玩，不懂敬畏、尊重別人的風俗，還把頭骨搞不見，冒犯「死要全屍」的禁忌，他們當然會群情激憤，勢必要把我揪出來，替祖先討公道。

這次如同蔣家金孫事件，我再次受到「保護」，被校長與家人隔離起來。

他們完全不告訴我究竟如何解決，好像什麼事都沒發生一樣不了了之。

長大後，爸爸才跟我談起這件荒唐事，問我：「你記不記得，你小時候多麼會惹事？居然把人家祖先的頭骨踢不見了。」我當然記得，還追問最後爛攤子是怎麼收拾的？

爸爸笑著嘆口氣說：「校長不停鞠躬道歉，我們賠了好多錢，又上香，又連續擺了好幾天的戲臺子向村民賠罪，費了好大工夫才讓他們息怒。」

第一次認識本省籍同學

或許其他外省孩子沒有像我這麼會惹事生非，但他們跟我相同的是，往往從孩提就住在外省人匯聚的社區，讀的是外省人爲主的學校，從老師、家長到同學、朋友，無論大人或小孩統統是外省人，從家裡到學校都被保護在外省圍牆裡，整個生活圈都是「純的外省人」。

這種保護從另一個角度來看，也等於讓我們跟臺灣社會「隔離」，沒有機會與牆外的臺灣人互動。

像我，直到小學五年級重新編班，才第一次遇到本省籍同學，因爲他居然是復興小學五年級唯一一個本省籍的學生，讓我覺得相當新奇。

還記得老師要大家自我介紹時，有人是浙江、有人是湖南，甚至還有蒙古人，大家都不以爲意，但當他說「我是臺灣人」的時候，話還沒說完，全場就

「哇！」聲大起，臺下一片譁然，你一言、我一語。接下來，他介紹了一長串自己的嗜好與興趣，具體的內容早就忘了，我只依稀記得這位本省籍同學的國語說得很溜。

那時，學校的老師全都是外省籍，即使不是北平人，每位教師也都字正腔圓，說著一口標準的北京話。老師上課的過程、同學之間溝通的語言是國語，校外日常生活講的是國語，就算本省同學也不會在我們面前講臺語。

不久之後，我讀完復興小學六年級了，因爲功課太差，拿不到畢業證書，卻還能進入同樣由方校長創辦、同樣是外省人居多的大華中學。整個求學階段幾乎沒有本省籍同學，結交的朋友跟我一樣都算是「純的外省人」，跟本省人相處的機會微乎其微，根本沒機會學到臺語，記憶中，無論是外省、本省同學或學校老師，共同特色就是「國語都說得很好」，我對這點也從來沒有任何疑惑。

等我大學畢業出國留學，在國外第一次聽同學說，小時候有人因爲不說國語而被處罰，我幾乎不敢相信會有這種事。那時我才意識到所謂的「國語」，原本並不是臺灣社會的主要語言，甚至也不能算是我們這些外省族群眞正的「母語」。

母語的故事

國民政府撤退來臺之後，爲了統治的方便，在學校推行說國語運動，不管你的「母語」是什麼，都一律要求你說「國語」，否則將會被打嘴巴、罰跪或者罰錢。

說「母語」竟然會受罰，這種事讓我一時難以體會。雖然我的爸爸媽媽來自湖南，但我從小長期浸濡在北京話的環境裡，母語就是北京話，也是所謂的「國語」。

許多外省家庭都是如此。即使上一代的背景來自四川、山東、廣東、湖南……無數的「家鄉話」也只有少數家庭中的老一輩在使用，下一代的日常用語都以北京話爲主，頂多偶爾穿插家鄉的一些些四川話、山東話、廣東話或湖南話而已。

因此，在當時的外省小孩成長過程裡，理所當然認定北京話（國語）就是共同的「母語」。我眞的很難想像，居然不准別人講母語？甚至有人說母語還要被罰錢、掛牌子！

直到現在，明明在臺灣土生土長的我，還是操著外省腔調，不時被誤認爲中國人。這種誤認有多誇張呢？直到我遇到中國人才知道。

政府逐步開放兩岸交流之後，准許中國人民來臺探親、奔喪、參訪，開始有中國觀光客湧入，高雄西子灣成爲他們到南臺灣必訪的景點。

某一天，我站在任教的中山大學門口跟別人聊天，因爲中國旅客一團又一團出沒，環境十分吵雜，所以嗓門比較大聲。話說到一半，忽然有個陌生人拍我肩膀高喊：「要上車兒，否則等一下就找不到車子！」

頓時，我傻眼了，就因爲我說話有濃濃的外省口音，導致他誤以爲我跟他是同一團的，怕我找不到上車處、搭不到遊覽車，好意來提醒我，眞讓我又氣又好笑。

活了六十四年，扣除德國留學十年，我在臺灣整整住了五十四年，還是有人問我，你是不是中國人？回過頭想想，這已經不再那麼好笑，而是整個時代的陰影了。

隴海鐵路的故事

生活在臺灣，卻一直很「外省」。國語政策只是其中的一環，更多離奇的矛盾深植在我們的教育裡面。

連我這種「笨學生」在初中的時候，都曾經覺得課本內容太奇怪，公然在課堂嗆老師。

一九六二年，大華中學設校初期，設在臺北市三張犁拇指山下的吳興街。五十多年前，這裡是高低不平的荒地，每逢大雨就一片汪洋，誰也想像不到如今成爲寸土寸金、臺北最高價地段的信義計畫區。後來因爲道路拓寬，大華才搬遷到桃園的楊梅重新復校。

我是大華的第三屆入校學生，但是當時比小學時混得更兇，初二又留級一年，只好跟第四屆的學弟妹一起畢業，而且跟小學如出一轍，根本沒領到畢業證書。

我功課不好，又經常帶頭作亂，因此成了校方緊迫盯人的對象，方校長不時就當眾在升旗臺毫不留情地「鞭」我。有一次，我拿家裡的刀子當飛鏢射，在家練不過癮，第二天還帶了幾把到學校去，跟同學一起對準教室的木板門亂射一通，搞得木門都是一個洞、一個洞的，降旗典禮的時候就被叫到臺上挨藤條了。

那個時代相信嚴師出高徒，社會普遍支持「不打不成器」的體罰教育，學校的每位老師都有方校長送的藤條。說實話，體罰對我沒有用，只會引起我更大的反彈，但是方校長依然是兒時影響我最深的人，因爲她會在我耳邊嘀嘀咕咕講道理，適時地提醒我，讓我感受到一份特別的情感。

嗆老師那次是爲了跟中國有關的地理，當時教到中國的「隴海鐵路」，我好奇問地理老師：「隴海鐵路是從哪裡到哪裡？」老師一臉不耐煩，淡淡回答：「東到江蘇連雲港，西到甘肅蘭州。」

「我爲什麼要學這個？爲什麼要去背隴海鐵路從哪裡到哪裡？」我不斷詢

問，老師很生氣，劈里啪啦講了一堆，然後質問我：「你懂什麼？」

我不自覺地放大音量，不滿地嗆回去：「我只要知道怎麼從臺北到高雄就可以了，我管你隴海鐵路從哪裡到哪裡，我又不會去，跟我有什麼關係啊？」

他更生氣了，劈里叭啦罵我罵到下課鈴響才停止。

過了許多年我開始理解，所謂學問，那個問字應該放在前面。所有的知識，都是爲了解決疑問而產生的，不應該一味被洗腦、完全照單接受這些訊息。如果教師無法回答學生背這個要做什麼，就是有問題的教學。

回想起來，當年我只是單純抗拒死記跟生活無關的中國地理，但我相信老師的氣憤是含有另一種情結在的。

在隔離政策下的外省家庭，對於子女的未來，其實普遍站在惶惶不安的十字路口，前面是對他們依然陌生的臺灣，回頭則是越來越渺茫的家鄉，所以當學生不願理解中國大陸的隴海鐵路時，我的外省籍老師整個情緒爆炸開來。

原本以爲臺灣只是逃難暫居的他鄉，隨著時間一年又一年過去，眼看著連下一代都不再那麼憧憬大陸故鄉，於是鼓勵子女出國留學成了外省家庭的重要選項。

外省家庭的團結與逃難心態

跟著國民政府撤退來臺的兩百萬外省族群家庭，由於特殊的歷史文化背景形成兩個特色：一是逃難心態，二是特別團結。

一心相信國民政府的外省家庭，將這塊土地視爲反攻大陸的復興基地，剛開始並沒有把臺灣當成落腳的地方，不打算落地深耕，而是隨時準備跟著部隊移防打回去，因此撤退來臺的初期，外省家庭沒有人買房置產，達官顯要、高階將領都由政府配了房子，其餘的不是眷村公舍，就是由公家補助租借民宅。那時候，房屋租賃契約的租期不是寫一年、兩年、三年……而是寫著「直到反攻大陸勝利時爲止」。

據說當時的臺北市中山北路巷弄內，日本人留下的日式木造高級別墅便宜得不得了，但是就算政府願意補助、貸款給一些高官，這些外省家庭也不想申請購買，正是因爲沒人覺得會在臺灣待很久。

小時候聽長輩聊天，他們總是分析臺灣只有兩個結果：一個是被共產黨打過來，一個是國民黨打回去。誰也沒想到，韓戰發生，美國介入，要求國民政府不得擅自發動反攻大陸戰爭，就一直維持到現在，不統不獨不武，居然過了七十年。

不是打過來，就是打回去，外省家庭這樣的心理預期，到後來漸漸發現其實是落空的。於是，他們開始鼓勵子女出國留學，最重要的理由就是安全。因爲，對於千辛萬苦逃難出來的人而言，臺灣不是一個絕對安全的地方，國外（特別是美國）才是眞正安全的。

在一九七〇、八〇年代，無論本省或外省籍，臺灣有很多大學畢業生選擇出國深造。由於當時國內的薪資待遇太低，生活條件也差，他們完成碩士學位或博士學位之後，往往想方設法留在外國工作。

有人先在臺灣結婚，夫妻再一起出去，或是國外相互認識後在當地公證結婚。在完成學業之前，通常就懷孕生小孩了，不久就拿到居留證或綠卡等。外省家庭選擇出國念書的比例比較高，擁有外國國籍或綠卡的狀況相對也多，在臺灣民主化之後，每到選舉期間，這個問題就浮現出來，被對手窮追猛打，質疑他們的政治品格，甚至懷疑這些人對國家的忠貞度。

其實背後的深層因素，就是「逃難心態」。他們的上一代是被打敗逃難來的，逃難的陰影在外省族群內心深處揮之不去，因爲沒有安全感，所以他們無時無刻不在尋找避難的地方。

因此，我們從小就被爸媽鼓勵出國讀書，頻頻誘導、無時無刻不灌輸我們「讀好書，你就可以到國外去」的觀念，家境好的聘請家教補習，家境不好的也會想辦法補強，拚了命就想往國外跑。

我小時候不愛讀書，小學、初中都沒拿到畢業證書，後來甚至混黑道幫派，對未來毫無目標。要不是哥哥勸我重考，在補習班「開竅」考上師大附中，後來也沒有上大學、出國留學的機會，可能就渾渾噩噩地度過一生。

沒有安全感，也讓外省家庭很團結。因爲，我們外省第二代通常只有兄弟姊妹，在臺灣沒有親戚，就算有一、兩個拉得上一點點關係的，也都是非常遠的遠親。對我們而言，無論祖父母輩的爺爺、奶奶、外公、外婆，父母輩的伯伯、叔叔、嬸嬸、阿姨，還是與自己同輩的表兄、表姊、堂弟、堂妹等，往往都在中國，從來沒有機會看過。

因此爸媽就會教導我們，兄弟姊妹要「團結」。大家可以感受到外省家庭「團結」的情分特別深，出門在外會互相照顧、彼此拉拔。這樣的情感往往也擴大到群體，讓大家感覺外省人特別團結。

團結並沒有什麼不好，但是，因爲過度團結而寬待「自己人」，也形成了某種心靈的高牆，如同眷村的竹籬笆一樣，擋住許許多多的事實與眞相。

第五章
黨外人士與我

亦師亦友姚嘉文

出身深藍背景的我，曾經代表新黨選上立法委員，後來參與民進黨前主席施明德發起的倒扁運動，如今受民進黨主席蔡英文邀請，擔任小英基金會董事。但是很少人知道，我其實與綠營淵源極早，年輕的時候就和黨外運動人士有所接觸。

就讀輔仁大學期間，我深受幾位「黨外」老師教誨，對事情有不同看法，其中影響最深的是姚嘉文。他那時是律師，後來因美麗島事件被捕，陳水扁執政時期擔任考試院院長，是民進黨獨派的代表性人物。

高中之後，功課原本一塌糊塗的我慢慢開竅了。大學時代更爲認眞，書讀得還可以，受到姚嘉文注意，暑假找我去他位於中華路的法律事務所見習。姚嘉文當時知道我父親有國民黨的背景，還親自找我爸爸聊聊，談到國民黨如何對付黨外人士的一些問題。

我不太知道他們到底談了什麼，只記得爸爸事後轉述，他對姚說：「我兒子這一代沒有問題，他是臺灣生、臺灣長，不會被當成匪諜，可以去你的事務所幫忙。」

在那個威權獨裁的時代，姚嘉文想知道更多國民黨的事情、了解統治者的看法，我父親也鮮少有機會直接面對黨外人士，或許想藉著認識姚嘉文多了解這些人是在搞什麼。

大學時期在姚嘉文事務所見習的經驗，給我很大的震撼，從那時候開始認識反對運動，慢慢了解整個制度存在諸多不合理的地方，批判政治、社會的不公平，想要更深入去找出原因。

事務所在中華商場對面的二樓，暑假期間，我幾乎每天坐在那裡看資料、整理東西。當時還沒有發生美麗島事件，反對勢力最核心人物，包括所謂的五虎將黃信介、施明德等人都進進出出，不時神神祕祕擠在一個小房間開會，感覺彷彿要搞革命，有時卻又似乎只是辦辦雜誌批判政府而已。

開會討論的過程，他們幾乎全程使用臺語，對於當時政治局勢，說到不爽處情緒會很激動，三字經就脫口而出。我聽得瞠目結舌、目瞪口呆，只能眼睛直直盯著他們，完全插不上話。

那時我的臺語能力很差，聽得「二二六六」（臺語，指零零落落），對他們說的話一知半解，只是困惑他們怎麼講話那麼粗？到底發生了什麼事情，值得他們如此大動肝火？

有一次他們討論得很熱烈，姚嘉文問我有沒有聽懂？我搖搖頭，他對我說：「你要學臺語，才能眞正了解臺灣人的想法。」

這番話對我衝擊很大，雖然不可能一下子就變成臺語通，但我針對他們所說的事主動去找資料，積極翻閱相關文獻，恨不得立刻就跟上他們的腳步，了解什麼是「臺灣人的想法」。

當時黃信介才四十來歲、姚嘉文不滿四十歲、施明德三十多歲，我是二十出頭的大學生，對我而言，他們都是年輕的老師。能夠幫他們打雜，即使只是泡泡茶、印印文件、買買東西、跑跑腿、看他們開會，也親眼看到很多、學到很多，算是相當幸運的。

不久，黨外人士創辦第一本政論雜誌《臺灣政論》，黃信介擔任發行人，我開始有機會寫文章。在發行第二期時，寫了一篇批判當時按照省籍分配公務員名額不合理的文章，掛姚嘉文名字發表，還引發一些討論。

這篇文章主要批評憲法規定高普考試「按各省區錄取定額比例」的不合理，也就是說，錄取公務員不是依據成績高低，而是按照省籍分配的。平心而論，這項制度在中國尚稱合理，因爲中國各省語言不盡相同，依各省人口分配錄取人數、分發在當地服務並沒有太大問題。問題出在國民政府來臺後，還繼續維持這樣的制度，特別照顧外省籍的考生，當然有失公平。

隨國民政府撤退來臺灣的外省人，最多的應該是四川人，來自江蘇的上海人、南京人也很多，在臺灣舉行的高普考沿用各省區人口數來分配錄取員額，所以考上人數最多的省籍是四川、江蘇。至於蒙古、西藏，本來來臺人數就稀少，報名者也少，造成蒙古、西藏考生錄取率幾乎百分之百的怪現象。臺灣人明明最多，本省籍考生也多，卻因爲這套畸形制度，錄取比例最少。

以一九五一年的高普考爲例，到考人數爲二四〇九人，臺灣省籍有七七四人，約占總人數的三分之一，但臺灣省籍考生錄取人數僅有總錄取人數的五四八分之九（約百分之二），臺灣省籍與外省籍錄取公務員的機會明顯差很大。所謂依照憲法規定其實只是個幌子，這種制度背後的心態就是我前面所說的，刻意保護外省人、維繫外省族群優勢地位的做法。

經過一段時間的歷練，姚嘉文覺得我口語表達很流暢、辯論技巧表現也不賴，在我畢業前夕，曾邀請我加入他的巡迴演講團。因爲我已經決定出國留學，思考幾天之後，依然婉拒了，但出發去德國前，還特別回到事務所向姚嘉文辭行。

沒多久發生美麗島事件，姚嘉文被抓去關了。我曾想，如果當初加入巡迴演講的行列，很可能就此改變我的命運與人生。

十年後，我學成歸國，隨即與師母周清玉聯絡，也寫了一張條子透過她轉交給還在獄中的姚嘉文，持續和他們保持聯繫。不久，姚嘉文獲假釋，他和師母組織臺灣政治受難者關懷協會，到處舉辦各種座談會，奔波演講宣揚理念。

早期，反對運動關注的是救援政治犯、人權維護，推動解除戒嚴、政治民主化、捍衛言論自由，後來才開始談統獨，逐漸出現統獨爭論的議題。

姚嘉文演講的時候常帶著我，我開始被推上臺演講，他講他的、我講我的，我和他的意見有時甚至是相反的。有一次演講結束，兩人在回程車上一路閒聊，姚嘉文忽然調侃我說：「唉！我們的團體都是支持獨立的，你怎麼都在講臺灣現在不要獨立？」我還是傻傻地回答：「喔！我不一直都是講我自己相信的道理嗎？」

姚嘉文一臉裝無辜地直視我，笑著說：「你都講現在獨立不起來，只要獨立的話，美國、中國都會反對。」

我回答：「我沒有統一的想法，也沒有獨立想法。」還半挑釁地反問姚嘉文：「臺灣誰會想和共產黨統一呢？」

姚嘉文搖頭不答，我進一步解釋說：「中華民國沒有一個人願意和中國統一，也沒有人要獨立，因爲獨立要打仗，這理由理論很簡單嘛！」

姚嘉文笑著說：「我們這邊現在都是要獨立的！」我也只能瞪大眼回覆：「中華民國臺灣，現在就已經獨立了嘛！」

這個想法一直持續到現在，也成爲我在輔選柯文哲時對他統獨立場的解釋：「中華民國在臺灣，早就是獨立自主的國家。」不是要換國旗、改國號、立新憲的臺獨。

我很慶幸從以前到現在，我與姚嘉文針對臺灣的政治議題能夠直接討論、直接溝通，彼此提出自己的想法、相互了解對方的角度，避免了不必要的誤會，也因此和這位支持臺灣獨立的長者，成爲亦師亦友的好關係。

德國留學，邀請黨外逃犯演講

在德國求學階段，那個年代的臺灣留學生多會參加「臺灣同學會」或「臺灣同鄉會」，定期或不定期聚會、聯誼、郊遊，一解留學生的思鄉情懷。臺灣同學會的主要參與者是支持國民黨、支持政府的留學生，有外省籍也有本省籍學生，國民黨海外工作會（簡稱：海工會）介入頗深。後者的臺灣同鄉會一般是臺籍留學生，比較反對國民黨，支持黨外人士居多。

赴德留學第一年，我進入海德堡大學，被推舉為海德堡臺灣同學會會長。臺灣發生美麗島事件時，我因為過去與黨外勢力接觸的關係，還發表聲明譴責政府的行為，並且特地將這篇聲明寄回臺灣聲援。

臺灣當時還是戒嚴時期，我從考上大學到成功嶺受訓就成為國民黨員，到了國外也還是國民黨海外組織的幹部，基本的政治立場偏藍。因此，當我將聲明稿寄回臺灣聲援黨外人士，駐德國大使館十分重視，想破腦袋也搞不懂，爲什麼國民黨的青年幹部要聲援黨外人士?使館領事部立即派人「關切」，詢問我爲何要聲援「美麗島政團」？

當時我語氣持平地回答：「我認爲，他們上街頭只是集會遊行！」接著用辯護口吻告訴大使館的人：「我以前跟這些人接觸過，當然知道他們，他們哪有要犯罪搗蛋，不可能有這種企圖！」這應該算是我第一次在海外替參與美麗島事件的人辯護。

之後，我還用同學會名義邀請被通緝、逃亡海外的前桃園縣長許信良到海德堡來演講。在規畫初期，同學會的成員內部有意見分歧，有些勸我要三思，還有人竭力勸阻，最後我仍堅持舉辦演講，讓大家能用不同的角度觀察，結果大爲轟動。

那時候的我，秉持每一股勢力、每一個派別都要往來、交流的原則，不希望偏頗任何一邊。包括共產黨的中國留學生，也是我接觸交往的對象，目的在於促使大家了解身邊原本不曾發現的事物。

以前，中國沒有自費留學生，中國留學生都是官方派出來的共產黨員。只要有活動，我會主動邀請中共的學生參與，同時也積極拉攏中國同學會找他們一起合作，當時算是第一個舉辦兩岸聯誼活動的。透過辦舞會、烤肉、煮火鍋、包水餃以及日常聊天，藉機多認識他們。

我們從小就被傳輸「恐共」「反共」思想，甚至稱共產黨爲「匪幹」，認爲共產黨淨幹些背信棄義的缺德事，但是在和他們接觸後，我那時就發現，共產黨並不像國民黨形容的都是壞蛋。

沒多久，國民黨居然探聽到我和共產黨接觸頻繁。那時國共還是冰火不容、漢賊不兩立的年代，海工會派人來找我，講了一大堆，最後說他能不能接觸一下共產黨，好做功課向國內報告？我當下就回絕，你說這事有趣不有趣？

被我回絕的事不只這一項。早期國民黨政府對於海外留學生進行監控，會透過特務組織、海工會甚至僑委會補助各大學同學會、同鄉會學生活動經費的手法，要求支持國民黨的學生寫報告，提供參與成員的名單及其言行。

有一次辦完活動後，教育部駐法蘭克福代表處隔天專程派人跑來找我，要我寫份報告，說要往上呈報。在這個過程中，我聽得糊里糊塗，不知道發生了什麼事情，毫無頭緒反問他：「寫什麼報告？」

這時候，他露出神祕的笑容，緩緩將頭靠過來，湊近我耳邊小聲地說：「補助你經費啊，給你的同學會辦辦活動，例如給學生打打籃球，經費這邊資助一些、僑胞補助一點，然後你事後就稍微告訴我們，哪些人參加、說了什麼話……」

我一聽，隨即揮手打斷他的話，只簡單回了一句：「沒有任何事可以報告。」

經過這次事件之後，我每次舉辦活動申請經費補助總是石沉大海，從此就拿不到任何補助了！

回頭去看，不管是黨外人士或者共產黨，如果從來沒有接觸，錯誤的訊息就會不斷地被傳遞下去，圍牆就這樣築起來。

「沒有接觸，沒有對話，就會有成見，對方就把你當成敵人，誤解就會產生。」我從此時就銘記在心。

推倒無所不在的圍牆

政治如此，面對日常生活亦復如是。我記得剛回國教書時，中山大學門口涵洞出口不遠的巷子裡有一家洗衣店，我太太第一次送洗衣服時，一踏進店裡就親切向老闆展示帶去的衣物，說明衣物的材質，也詢問了一下要多少錢。

沒想到洗衣店老闆聽到她操著一口標準國語，隨即表情不悅，一直猛揮手，重複用臺語說：「妳共蝦密，我聽謀北京話！」兩邊雞同鴨講，於是我太太使出比手畫腳的殺手鐧，發出咿咿呀呀的聲音，東指指、西點點，聊得煞有其事。老闆本來一臉不想洗的表情，最後還是勉強接下這門生意，叫她一個星期後去拿。

之後，我太太每隔一段時間就固定送洗衣服，但她跟老闆都不再發聲，放下衣服、拿了收條就回家，雙方就這樣無聲無息地往來了將近一年。

有一天，我太太一如往常去拿衣服時，洗衣店老闆竟然用他原來宣稱不會說的「國語」（北京話）問：「那個經常在電視上和國民黨辯論的人，是不是妳先生？」

我太太突然停頓一下，回了一句：「是啊！」

洗衣店老闆一聽到答案是肯定的，整個人變得非常開朗，臉孔線條也柔和了，從此毫無芥蒂地跟我們聊天，開始交換想法、分享彼此的一些觀點，而且過程都是用「國語」。後來，我跟他感情很好、無話不談，他一對兒女也都成為我的乾兒子、乾女兒，過年過節，我紅包一個都沒少。

為什麼當初他板著臉？對我們處處充滿敵意呢？因為雙方從來沒有認識與對話，他就把你當成敵人。

看到我的「外省臉」、聽到我們所使用的語言與腔調，洗衣店老闆把我們想像成他腦海中的惡人：那些當初撤退來臺之後，殺戮、欺負臺灣人，甚至在白色恐怖時期負責執行高壓政策的外省人。既然是為惡的外省人，這門生意他不做了總行吧？

後來，他在電視上聽到我的言論，改變對我們的成見，心胸豁然開朗，也漸漸卸除了心防。

圍牆無所不在，但也並非堅不可摧，只要拿出誠心與耐心，多次接觸、多次對話，就有機會推倒彼此內心的高牆。

我與洗衣店老闆、黨外人士的互動過程，再三印證了這個信念。

第六章

傻子精神與從政

從幫派流氓到虔誠信徒

「是，就說是。不是，就說不是。」一直都是我的信念，也從信念延伸出行動。然而這樣的想法無論在求職、工作或參選上，都常常被人笑說只有傻子才這樣做。

憑著這股傻勁兒，我克服許多磨難，包括在選戰過程通過選民的考驗。直到現在，依然以相同的態度面對政治，這就是我的信念。

我的傻氣是從小養成的，宗教信仰尤其扮演關鍵角色。在曲折的人生道路上，這樣的傻子精神一直是引領我向前的力量。

念完初中，因爲成績太差，沒有一間學校肯收我，一度跟同病相憐的朋友蹺家想到南部就讀軍校，中途又被抓了回來。在等待重考高中之前，每天無所事事，又覺得家人親友都不關心我，於是跟幾個眷村的毛頭小子「歃血爲盟」，十三個人組了一個名爲「黑妖」的幫派，還被推舉爲幫主。當時就誓言，大家要有正義感、彼此講義氣。

爲了方便我補習，高中重考那年，舉家搬到同安街。那裡有個教會「協同會」，門旁有個設了籃球架的廣場，「黑妖」幫每次有事要討論，就習慣約在教會碰面，加上教會也不曾攔阻，那裡就成爲我們幫派固定聚會的場所。跟教會結緣，後來改變了我的一生。

有一天傍晚，「黑妖」幫眾又約好要見面，我太早到了，不知道要做什麼，就趴在門邊往教會裡面瞧，注意到有位外國臉孔的女性跪在十字架前，嘴裡不停嘰嘰咕咕說著一些我聽不懂的話。當時，我不認識耶穌、牧師、師母，也沒讀過聖經，更不知道有禱告儀式，純粹就是好奇而已。

當她結束禱告轉身站起來時，看見我躲在那裡盯著她，馬上走了過來，親切地用國語和我閒話家常，還問我許多問題。原來她雖然是個外國人，卻是這個教會的師母。

她當時究竟跟我聊了什麼，我現在已經完全想不起來，但我永遠記得，她微笑著問我一個問題：「耶穌愛你，你要不要愛祂？」

我那時留著一頭長髮，還染上菸癮，醒著的時候幾乎手不離菸，就是一副流氓的德性。對我而言，老師不喜歡我、同學不愛我，父母在家又一天到晚對我兇，只有同幫兄弟們看重我，因此一心以爲自己只能混幫派。

幫派兄弟最重要的就是講義氣，我簡潔快速地用道上兄弟的語氣回答她：「有人愛我，我就一定愛他。」還向她拍胸脯掛保證說：「所以，耶穌愛我，我就愛祂！」

於是她邀我一起禱告，約我星期六下午到教會聽她說道理。每次我到教會，她一有空就把我拉到一邊，聊聊天、講一些聖經的啓示，我通常有聽沒有懂，後來卻正式在這個教會受洗。

至今我仍不明白，向來令父母師長操心困擾、也沒有接觸過基督教的我，爲什麼那天會衝口而出回答師母：「耶穌愛我，我就愛祂！」只能說，浪子幡然悔悟，就是我經歷的第一個神蹟。

後來，我定期上教會、讀經、禱告、奉獻，也漸漸脫離了幫派，即使踏入政壇深淵，也沒有離開教會生活。或許是宗教信仰的關係，讓原本就抱持正義感的我，更加堅定「是就說是，不是就說不是」的想法。

堅持改革，在校園被打壓

這麼多年來，我做了不少傻事，時常搞得自己很狼狽，甚至曾經有長輩憂心忡忡對我說：「參與公共事務不要那麼傻！」

三十年前臺灣經濟正在進行轉型，各大學開始籌備增設各系所，對教師的需求也隨之增加。因緣際會，我在德國拿到博士學位不久，中山學術研究所就向我發出任教邀請。

博士剛畢業時，我和太太楊芳玲只有一個念頭，就是返國教書。但是，在返國前夕，申請中山大學教職的確認信函遲遲沒下文，讓人一顆心全懸在那兒。當時我還在德國處理離校手續、退租房子，一時半刻無法馬上飛回臺灣親自詢問狀況。

透過家人打探到的消息是，我正在被進行「政治調查」，至於詳細原因，就不知道爲什麼了。我腦中一片茫然，內心納悶我在德國究竟做錯過什麼事？還是被人家告密揭發連我都不知道的問題？最後只好拜託爸爸跑一趟學校，探探狀況如何。

爸爸趕緊南下中山大學，打聽到中山學術研究所所長楊日旭恰巧是曾經共事過的同事，也是認識多年的好朋友，於是親自跑到辦公室向楊所長請教：「到底發生什麼事了？我兒子姚立明怎麼還在『政治調查』呢？」

楊日旭一聽，很放心地回答：「原來他是你兒子啊，那就沒問題了。」搞了半天，原來我在海德堡做的「傻事」已經傳回臺灣，包括邀請中國留學生與臺灣留學生座談聯歡、舉辦中國電影欣賞會、跟被認定傾向臺獨的臺灣同鄉會同學組織聖經讀書會等等，都被點名做記號。

甚至還有黑函舉報我是那個經常在香港發表文章、積極參與左翼地下活動的姚立「民」，懷疑我是「異議分子」，必須進行嚴格的政治調查，所以聘任案一直沒有動靜。沒想到，姚立「明」、姚立「民」一字之差，害我差點沒辦法回臺灣。

回國任教後，臺灣仍處在威權轉型階段，民主意識剛剛萌芽，中山大學當時從院長到系主任等人事都是校長直接指派，別人碰都不能碰。我剛回國擔任教職時，幾位年輕教職員常常聚在一起討論，後來決定要推動校園民主化，「民選」系主任、所長、院長。

準備向校方提案的十多位教師，又找到我這個「是就說是」的傻子，要我負責研擬並且領銜提案，由我代表參加校務會議，逐條說明草案內容。校務會議那天，我一心以爲草案研擬得很嚴謹，法條沒有太大問題，應該可以排入會議，順利推動討論。想不到開會到一半，主持會議的校長祕書突然走到我身邊說：「姚老師，外面有你的電話，你去聽一下。」

我不疑有他，趕緊站起來離開會議室，跟著他出去接電話。一踏入教務處，根本沒什麼電話，而是校長、教務長等四、五個人團團圍住我，你一言、我一語遊說我：「你把這個案子抽回來，我們先研究研究再說。」

我愣了一下，滿是疑惑地反問他們：「咦，提案內容沒有瑕疵啊，大多數老師也都支持，爲什麼要抽回來？」

他們著急地說：「唉啊！我們再研究看看，這樣會……」

我毫不理會他們的解釋，很不服氣地說：「是就是，不是就不是！」搖著頭向他們強調：「要給我一個正當理由，否則我不可能撤回來。」

我堅持不退讓，這個提案也在校務會議通過，成爲第一個校園人事民主選舉的大學，但也從此埋下我這個「不聽長官，只講道理」的傻子在學校被打壓的下場，連我內人後來申請升等也遇到障礙。我倆從此決定，這一生不必再提出升等申請，因爲學問是我們自己的，升等卻是長官的，既然不可能爲了升等去討好別人，不如就此放棄。

愛憎無常，藍綠皆然

教會教導我們：「不要在乎世上的價值。」世上的價值講求的是什麼呢？無非就是追求肯定，所謂「三不朽」——立德、立功、立言，做不到這些，彷彿你就白活在這世界上。但我更在乎的是「講道理、論是非」，如果因此而無法得到世人的理解與肯定，我也甘之如飴。

因爲，世人願不願意理解或肯定你，有時並不完全依照是非來論斷，有些高牆的存在是不講道理的。先前很長一段時間，綠營支持者討厭我，兩度發生我走在路上被痛毆的事件。現在，我反過來被藍營痛恨，上電視節目的時候，國民黨黃復興黨部的人坐在對面，看我的眼光彷彿快要冒出火來，甚至我陪父親去看病，也有人在旁邊嘀嘀咕咕罵我：「數典忘祖！」

當初曾經那麼喜歡過我的人，後來卻痛恨我，完全不願意聽我解釋爲什麼必須這樣做。那種幾乎要冒火的仇視眼光，其實我曾經很熟悉，只是當年憎恨我的是另一群人。

一九九四年，我代表新黨參選臺灣省副省長，搭擋是朱高正。在臺北市，陳水扁、趙少康與李登輝屬意的黃大洲角逐市長寶座，激烈的戰況一發不可收拾，趙少康主打「中華民國保衛戰」，首度將省市長選戰拉高到國家認同的層次，全面點燃省籍情結的戰火。九月二十五日的高雄活動出現暴力衝突，隔兩天，也就是九月二十七日晚上，就發生我被打的事件。

那天，我臨時到新莊演講，全場聽眾不到一千人，但場外的氣氛浮躁怪異。結束之後，我搭上計程車準備回臺北，車子開了大約五十公尺左右，停下來等紅綠燈的時候，兩側車門突然同時被拉開，有人用繩子勒住我脖子，勒出深深的傷痕，硬生生將我從右邊拖出去，一句話也沒說就拳打腳踢，我當場頭破血流，眼鏡也掉在地上摔碎了，根本看不清楚行凶者的樣貌，只隱約知道是三個黑衣人。

當時，多虧一位路過的小姐，她急中生智，一把抱住下手最狠的人，用臺語直說「嘜啦、嘜啦」（意思是不要這樣啦），那個人一鬆手，我滿地摸眼鏡，模糊看到有位警察就站在前面幾公尺遠，還示意他們快走。那位勇敢的小姐護送我到臺大急診，眞的很感謝她。

第二天，警政署公關主任來道歉，刑警大隊長也拿了幾個老頭子的照片要我指認，我根本認不出來，因爲眼鏡都被打碎了嘛，只知道下手的是幾個黑衣人，而且分明都不老。爲了讓我別再追究，警政署派了配槍的隨扈給我，出門都有人跟著保護，也派警察在我住的大學宿舍樓下警戒了一段時間。

那時的選舉氣氛，綠營群眾確實看我不順眼，到鄉下往往感受到敵意的眼光。但我覺得這件事必有內情，下手的人並不像激憤的一般民眾臨時起意，似乎是刻意跟蹤要教訓我，我懷疑或許跟情治單位脫不了關係。

過了許多年之後，打我的其中一個人，居然透過我的大舅子輾轉告訴我，他現在很喜歡我，當年實在很抱歉……

傻子參政，意外當選

一九九五年，各政黨都積極進行第三屆立法委員選舉提名作業，剛成立兩年的新黨也如火如荼布局立黨以來的第一場立委選戰，準備全面提名，藉著這場選舉壯大聲勢、增加民意基礎。

那一年，我擔任新黨全國競選暨發展委員會（簡稱：全委會）南區召集人，負責包括高雄、屏東等雲嘉南以南的地區，尋找有沒有適合的立委人選。

當時的選舉制度是每個選區可以選出好幾名立委，新黨打算在南部各縣市全部提名，高雄市的第一、二選區分別找了朱高正、黃國鐘，臺南市就找了成功大學教授陳進成，屏東、嘉義……也都有規畫，唯有高雄縣找不到人參選。

遷戶籍取得候選人資格倒數截止的前一天，我正在臺北開會，突然接到全委會召集人王建煊的電話，他在電話那頭語氣非常急促匆忙地跟我說，新黨在高雄縣沒有候選人，希望我馬上把戶籍從高雄市遷過去，叫我先預備在那裡。

「喔！」我二話不說，開完會就搭飛機南下，傻傻地遷了戶籍。現在回想起來，那時我的臺語依然不怎麼輪轉，不知爲什麼會毫不猶豫就答應了呢？可能是當時心想，高雄縣就在高雄市旁邊，應該是很近呀！

對我而言，跟高雄的唯一淵源就是在中山大學教書，但那是在高雄市，並不在高雄縣。後來一到高雄縣才發現，選區這麼大，遠從海邊到山上，遼闊得出乎意料。

可以想像，我當時只有四十歲左右，一回國就在大學教書，從政經驗完全空白。高雄縣是個農村、本土味濃厚的地方，我卻是外省背景，在高雄縣從來沒有所謂的「經營」，當地的地方派系個個來頭不小，在那裡參選的確是一場不好打的選戰。

國民黨當時推出的是具有眷村背景，來自婦聯會、黃復興系統的立委蕭金蘭競選連任，由於她與我都是外省籍，同質性頗高，國民黨還不停對外放話，說我參選會嚴重影響蕭金蘭的得票，甚至會導致她落選，整個選舉過程從頭打壓到尾。

但我並沒有膽怯，就算同質性高、勝算不大，既然要選，就不用想太多。於是我先去買張高雄縣地圖，每天都在馬路上走，就連週末也不例外，像個傻子般在街頭拜票。只要我下了課、放了假，有任何的空檔，我就徒步去行走，將去過的地方、走過的路線畫上紅線標記，全縣有十八個鄉鎮市，我全程走完至少十個。

我靠著兩隻腳到處跑透透，徒步挨家挨戶拜票、四處演講宣傳理念，完全不理會地方派系，整整走了四個月，結果真的選上了！

選後，高雄縣余家班召開派系會議時，據說黑派領袖余陳月瑛直接點名我說：「那個姚立明，怎麼會選上？」我的當選完全出乎她的預期，讓向來倚重派系與組織力量的地方人士充滿疑惑和訝異。

無法借調，失去公立大學教職

然而，只要我繼續做「講眞話」的傻子，是不會停止被整的。新黨當年氣勢如虹，是立法院的第三大黨，不時與民進黨、其他在野勢力合作，對抗執政的國民黨。我經常對國民黨政府嚴加批判，國民黨當然也會想盡各種辦法打壓我們。

我當選第三屆立委，任期三年。學者出身的國會議員，通常比照政務官申請借調，任期結束再回大學任教，唯有我那屆突然不准借調。原來國民黨中央透過行政院頒布一道行政命令，大意是指如果大學教授的個人專長與立法委員職務不符，就不得辦理借調。

當時不准我借調的理由是：「立法委員工作，與他所學法律專長不符，所以不允許借調。」這眞是天大的笑話，立委職務就是「立法」，我明明是法律專業，如果這樣還不能履行立法職務，眞想不出來誰有資格進立法院？

因爲無法申請借調，當選立委的我只能辭掉教職，也就是任期結束之後，不能回任學校教書。

從中央到地方，大學教授被延攬進入大小內閣、投入民意代表選舉、向學校辦理借調的比比皆是，例如江宜樺先前被借調爲研考會主委，近期則有柯文哲向臺大醫院申請借調。

萬萬沒想到唯有我那屆的立法委員，行政院下一道命令，以擔任立委「與所學無關」爲由，讓我在立委任期屆滿之後無法回任大學教書。當時擔任行政院長的連戰，整了我們這些抱持滿腔熱血參與政治的傻子。

一中兩國，退出新黨

一九九八年，加入新黨才短短兩年多的我，立委任期還沒結束，就因爲提出「一中兩國」引發不同意見而退出新黨。直到現在，我還在檢討這一段過程，不是因爲後悔提出這個主張，而是覺得自己應該處理得更圓熟。

當時，新黨內部對兩岸路線有很大的爭議，我召集黨內一群年輕教授，包括郝龍斌、朱惠良、曲兆祥、鄧家基等人，組了一個十人小組，花了一天半的時間全程旁聽民進黨的中國政策大辯論，並由我領銜提出「一中兩國」，要求新黨內部也來進行辯論。我認爲在全世界都強調一個中國的原則下，必須凸顯中華民國是一個主權獨立的國家。因爲我們是中華民國的國民，選出中華民國的總統，我自己更是中華民國立法委員，怎麼可能否認中華民國這個國家呢？

如果在臺灣沒有人可以否認中華民國是國家，那緊接著要問：中華人民共和國是不是一個國家？以前我們叫它叛亂團體，但是世界上的多數國家都承認它是個國家，李登輝終止了動員戡亂時期，也就是承認中華人民共和國是個國家。因此，在世界認定的「一個中國」原則下，新黨必須堅持提出中華民國、中華人民共和國同時存在的「一中兩國」，作爲政黨未來的發展路線。

這是一個緩和的概念，可以爲臺灣爭取空間、找到出路，馬英九如今強調「一中各表」，在一個中國原則下，兩岸各自表述，基本上跟這個概念是一樣的。但二十幾年前沒人敢講，新黨創黨元老趙少康、李慶華、謝啓大等人都抱持反對意見，也不願意給予辯論的機會，對於堅持「忠於自己的想法、不能屈從長官意見」的我而言，當然只能選擇退黨離開。

其實在公開提倡「一中兩國」之前，我的內心不是沒有掙扎過。我知道，這個主張兩邊不討好，「兩國」的說法刺激新黨，「一中」刺激民進黨。新黨接受一中、不接受兩國，民進黨接受兩國，但是又不接受一中。他們不會看到可以接受的部分，結果必然是我兩邊挨批，尤其是新黨的支持者，絕對會有激烈反彈。

我深知這件事情公開之後，一定被修理得很慘，那個晚上內心相當掙扎，於是跟太太分享。我們當時住在小小的立委宿舍，就一個房間，兩人一起跪下來禱告。我承認有點憂慮未來的可能發展，好好的立委不做幹嘛要去惹事呢？

禱告之後，我決定還是要做。縱然會害怕，也想過不要惹事，但最後依然覺得，如果不是來自於神，不可能有這種感動。既然如此，正確的、該做的事就不應該逃避。

現在回憶起來，提出「一中兩國」沒有什麼不對，但我直到今天還在檢討、反省自己所使用的手段。當時四十來歲的我，認爲眞理越辯越明，一遇到紛爭就想用辯論的手段解決。然而我所希望的不是使人和睦、尋求共識嗎？結果卻因爲辯論統獨而跟不同意見者有一些尖銳的對話，無形之中成了激化族群鬥爭的推手之一，跟「和睦」反而漸行漸遠了。

到了現在我終於了解，人在激情辯論的時候，有時反而看不清眞相，很多事情無法透過辯論來形成共識，而是要接納、要傾聽。

尖銳如同利刃，有時固然可以快刀斬亂麻，但往往難免傷人傷己。我想要推倒高牆，這是必須積極改進的地方。

第七章

檔案局與施明德

韓若春叛亂案

推倒高牆，臺灣才能掙脫束縛、大步向前。然而即使讓高牆倒下的努力從未間斷，反省、改變的力量卻一直是不夠的。

或許有人會質疑眞的不夠嗎？從一九八七年解除戒嚴、二〇〇〇年政黨輪替、二〇〇八年再次政黨輪替……臺灣推動民主與自由的成果有目共睹，政治受難者及其家屬也逐漸獲得某種程度的補償與名譽回復。

一九九五年，立法院通過《二二八事件處理及補償條例》（二〇〇七年進一步將「補償」修正爲「賠償」），一九九八年又針對白色恐怖時期通過《戒嚴時期不當叛亂暨匪諜審判案件補償條例》，這些努力難道還不夠嗎？

我認爲，眞的遠遠不夠。

沒有眞相就沒有原諒，如果你像我一樣，去看看受難者的資料、判決過程的公文，就會發現原來還有那麼多歷史事實被湮沒，一個又一個令人椎心刺骨的故事，都是墊起高牆的磐石。

那些公文是這麼寫的：「應即槍決可也」「一律改處死刑」「皆從重量處」「改處死刑」「應判死刑」……

寥寥幾個字，怵目驚心，決定的是白色恐怖受難者的命運與生死。

在白色恐怖的年代，不少人遭到執政當局以叛亂罪逮捕入獄，當案件判決之後，警備總部將報告上呈總統府，由蔣介石親自做最後定奪。「應即槍決可也」等等批語，都是蔣介石手批執行死刑槍決所留下的親筆字跡。

五、六十年過去了，很少人過問，這些執行槍決的公文如今在哪裡？是被銷毀？還是被帶走，從此消失不見蹤影？

其實這段歷史並未成灰，而是一直靜靜地躺在檔案管理局（簡稱：檔案局），等著被發掘不為人知的眞相。

檔案局二〇〇一年掛牌成立，隸屬國家發展委員會（組織改造前為行政院研究發展考核委員會），目前位於臺北市伊通街五十九巷底，一棟不起眼的三層樓建築裡。臺灣歷年來的重要事件，像是二二八處決公文、岩灣抗暴事件、美麗島大審過程紀錄等等具有法律效力的行政文件，這裡都有詳細記載的檔案。

堆放在庫房一角的文件檔案，深藏著許多不爲人知的故事，每個故事背後所牽動的眞相，都是相當震撼人心的。我相信只要有人去挖掘，任何人的心靈都會爲那個時代的悲鳴而悸動。

有一次，施明德前往檔案局調閱白色恐怖受難者、遭槍決的韓若春資料，同行者正是韓若春的女兒。事後聽施明德轉述她看到檔案、知悉眞相而當場痛哭的場景，是我永遠忘不了的見證。

韓若春，前陸軍軍官，五十多年前，一群同僚好友到家裡來找他，一陣問候閒聊之後，大家開始論及時政，他不經意脫口而出：「反攻大陸是不可能的事！」

這句話當場並沒有引起什麼特別的騷動，大家看似不以爲意，就像平常一樣繼續閒聊。韓若春作夢也沒想到，好友密報檢舉，他隔天就被憲兵逮捕，送往警備總部軍法處青島東路看守所，遭到刑求逼供。最後就因爲「反攻大陸是不可能的事」這句話，蔣介石親筆批示將他判處死刑。

那個年代，類似韓若春的案件不知道有多少，隨著家屬噤聲、歲月流轉，眞相多半無人聞問。韓若春的故事得以在多年後被重新挖掘出土，是因爲施明德的緣故。

一九六二年六月二十日，施明德因涉及臺灣獨立聯盟案被捕，那時就是和韓若春關在一起。當時韓若春三十九歲，施明德二十二歲，兩人在獄中經常交換意見，韓若春還會不時推薦一些書籍給施明德參考。

被判死刑的韓若春不死心地申請覆判，結果維持原判決，一九六二年十二月三十一日凌晨被槍決處死。死前韓若春拜託施明德，若有一天出去，要告訴他的女兒：父親沒有做錯事情，他對得起國家。

施明德出獄後，囑咐朋友無論如何一定要找到她，但是多年來都毫無音訊。經過不斷努力，最近幾年，好不容易找到原名韓蔡卿的韓若春女兒成慶齡。

原來韓若春罹難的時候，成慶齡才五歲，什麼都不知道，對於父親韓若春也幾乎沒有印象。在那個風聲鶴唳的年代，母親蔡秀蘭爲了女兒的安全，不敢向她提及生父的遭遇，忍辱負重改嫁成斗寅，讓女兒也跟著改姓改名。多年過去，成慶齡早已爲人妻、爲人母，目前是旅居奧地利的鋼琴家。

對於生父韓若春的事情，蔡秀蘭從沒有跟成慶齡說過，任何跟他有關的東西也不敢留下來，所以成慶齡從小到大，只認定成斗寅是生父，從來沒有產生懷疑。

直到有一天，成慶齡居然收到政府公文，通知她可以領取補償金六百萬元，並且附上一紙判決書，她這才知道自己的生父另有其人，竟然是白色恐怖受難者韓若春，這才輾轉和施明德聯繫上。

收到判決書及補償金通知之後，成慶齡心中一直有著疑惑，不知道她的父親是什麼樣的人？當時又發生了什麼事？但因爲人在國外，無法獲得任何解答。

二〇一一年，成慶齡回國演奏，利用這個機會特地拜訪施明德。那天，成慶齡一臉無助而焦急地追問施明德：「我父親是什麼樣的人，眞如判決書說的那樣嗎？請告訴我，我必須知道眞相。」

她兩眼泛著淚光，輕聲說：「我不認識我父親，沒有任何印象，手上沒有他的隻字片語，甚至連一張照片都沒有。」

爲了揭開歷史的眞相、幫助成慶齡解答一個又一個疑惑，二〇一一年十月七日，施明德夫婦陪她前往伊通街的檔案局，調閱她父親韓若春的所有檔案。

那一天，自從有記憶以來都沒見過父親的成慶齡，就在親眼目睹韓若春被槍決前後的照片時，整個眼眶霎時泛紅，淚水不停滴下來，手腳不斷顫抖。

接著翻到韓若春的遺書，上面寫著：「別了，我親愛的妻女，願你們母女相依爲命，常受上蒼的庇佑，樂觀奮鬥，苦難的終點是幸福的開始。若春」

看到這封遲來四十八年的遺書，成慶齡呼吸越來越急促，情緒非常激動，最後癱軟坐在椅子上，久久無法釋懷。在一旁的施明德太太陳嘉君急忙抱抱她，安慰、鼓勵她撐下去。

成慶齡不發一語，默默低頭坐著翻閱資料。她打開其中一疊標著「韓若春叛亂案」的卷宗，映入眼簾的是槍決韓若春的公文，上面赫然是蔣介石親手以紅筆批文的字跡：

「這種犯罪應判最重刑期，關五年、十年期滿釋放之後，此種人仍將謀亂，則如何處置。中正」

原來被嚴刑拷打逼供、羅織罪名的韓若春，根本罪不至死，下令判處死刑、剝奪成慶齡父親生命的，竟然是向來被美化為「愛民如子」的領導人蔣介石。成慶齡當下徹底崩潰，不自覺嚎啕大哭起來。

成慶齡的哀慟欲絕，撼動了在場的所有人，就連事後聽聞整個過程的我，內心也十分不捨，忍不住想，究竟是什麼樣的時代、什麼樣的族群，因為不能好好相處、善待對方，而要去殺戮、殘害別人？

如此悲淒的真實故事，就這樣來到我的面前，重塑我對白色恐怖時期的認知。悲哀的是，我清楚認知到還有更多尚未還原的真相，仍靜靜塵封在檔案局的角落，或許永久被遺忘，也或許還在那裡等待第二個、第三個……無數的成慶齡，哪一天親自來揭開他們親人的命運之謎。

蔣介石，笑容慈祥的老先生？

韓若春的故事透露蔣介石一筆就可以決斷他人生死，說到這位「先總統蔣公」，大家對他的了解究竟有多少？

有人對他恨得牙癢癢的，視他如寇讎，有人卻對他愛戴有加，誇他很親民。在現今的臺灣社會，人們對他評價兩極、褒貶不一。

我兒時記憶的「蔣總統」，則是臉上堆著笑容、喜歡跟我們揮手的慈祥長者。

國民政府遷臺後，我爸爸剛開始的身分是軍人，但是並沒有住在一般眷村，而是自己租下臺北市福林路的民宅，就在總統官邸、也就是現在的士林官邸花園旁邊。

六十五年前的士林官邸，原本是士林園藝實驗分所，蔣介石在一九五〇年在這裡設置官邸之後，這裡就成了神祕禁地，幾乎和總統府具有對等地位的權力核心，總是三步一崗、五步一哨，整個地區戒備森嚴，官邸四周以層層電網圍成，外人無法越雷池一步。

早年，元首居住的區域多半被劃定爲保護區及軍事管制地，不是隨隨便便就能夠進出，小孩更不可以跑來跑去。

我記得當時家住在臺北市福林路二三四號，毗鄰官邸花園，就是士林官邸現址前的椰林大道一帶，家門口正是前往元首住所必經之路。

小學時每次放學，從士林舊火車站出來往士林官邸的方向跑，經過官邸花園附近，調皮的我經常爬到樹上摘果子，同學好奇往上瞧，我順手將果子往下丟，他們就在樹下接，一起打鬧、分食。

有時，我還帶頭要同學一起站在路邊的椰子樹下，等待蔣介石和夫人宋美齡乘著大車經過時，大夥就猛揮手打招呼，一股腦想要引起他們的注意。

很特別的是，蔣介石和宋美齡並沒有趕走我們，偶爾會笑笑地跟我們揮手致意。還有一次，侍衛甚至把我抱進官邸裡，我也毫不怕生，近距離地熱情向他們打招呼。

因此，我曾經聽官邸的衛兵說過，蔣介石很親民，都要他們稱呼他「老先生」，不要稱總統，但不知這傳言是眞是假。

爸媽從小也教導我們要效忠領袖、遵從政府、忠黨愛國，強調蔣總統是「民族救星」，這些教誨都存在我心中。小學讀的也是蔣夫人創辦的學校，在學校，當然被教育要團結在領袖之下，尊奉這位國家領導人爲一代偉人，耳提面命說不久就要光榮收復大陸、解救同胞等等，這些觀念我都一一聽了進去，完全深信不疑。

那時候的我，就跟前面提過的那些老榮民一樣，效忠他的黨、報效他的國家、相信他的蔣介石。

直到我看見文獻資料，發現蔣介石製造白色恐怖，下令執行死刑槍決、殺人如麻時，小時候被教育以爲蔣介石仁民愛物、慈愛世人的長者形象一夕之間被摧毀了，加上看到那些老軍頭們和共軍飲酒同歡、跟共產黨官員稱兄道弟，帶給我很大的衝擊，這才驚覺，原來我的腦袋竟被蒙蔽了數十年。

與施明德去檔案局「搶眞相」

被蒙蔽的不僅僅是我，許多的冤屈與傷痕、種種不人道的苦難，還躺在檔案局冰冷的資料架上，數量究竟有多麼龐大，除了掌握檔案的政府，應該沒有人能夠確切回答。

但就算是受害者本人去調閱，許多資料也還是遮遮掩掩，讓人無法看懂。

兩年多前，施明德爲了撰寫回憶錄，找了他太太、女兒、助理與我一起前往檔案局，查閱有關他受難期間的歷史檔案。檔案局卻將部分文件抽離或用信封遮掩，意圖不讓當事人看見。

怎麼辦呢？爲了讓文件還原當年的歷史事實，我們只好用搶的，進進出出檔案局「搶眞相」。而這樣的行爲，居然會被認定是違法的，必須冒著可能被移送法辦的風險。

那天，我負責和檔案局副局長林秋燕談判，施明德夫妻就站在我旁邊，看到資料內容多處以牛皮紙遮掩、有些還乾脆用貼紙貼起來，根本無法閱讀，施明德當場質疑檔案局：「你們在掩飾什麼東西？」

再往下翻，不少檔案照片也是被黏貼住的，根本不知道照片裡有誰。最後看到施明德與前妻艾琳達當年的結婚證書居然也被列爲機密文件，就連證書上的主婚人、證婚人、介紹人名字、個人資料，也通通被紙張遮蓋起來。

施明德一看，差點笑出來，猛搖頭說：「這算什麼機密？」

我不停逼問身旁的副局長林秋燕，施明德夫妻也放大音量，你一言、我一語，她幾乎快要招架不住，眼神哀怨地解釋，因爲涉及個人隱私，所以檔案局不得不將資料遮蓋處理，無法完全公開。

我們越聽越生氣，施明德激動不已，我也不滿地表達抗議，林秋燕就不停解釋，整個檔案局吵得鬧哄哄的。

就在一陣混亂之中，施明德的女兒、助理趁空檔去搶檔案，隨即將牛皮紙拆封，撕下被黏貼的地方，一篇一篇、一張一張拚命拍照存證，完全不理會檔案局員工的阻攔。

林秋燕發現之後，神色緊張地說：「唉啊！你們不要這樣做，這樣是違法的啦！」

施明德轉身靠過去，臉色不悅地怒飆：「十幾年來官員都可以看，我是當事人卻不能看！」接著，他非常不滿地嗆聲：「我就是要看，立即把我逮捕啊！」

我一聽到，隨即側身過去擋住，大吼著：「你去找警察，我們是現行犯，趕緊來逮捕我啊！」「我們非得要到這個資料，不是爲了現在，是爲了臺灣歷史，爲了整個社會的轉型正義。」

就這樣，我們到檔案局「搶」了兩趟，雙方你來我往，幾度與官員言語交鋒鬥智，總算搶拍到照片，取得一些資料。

施明德是個知名的政治人物，向檔案局要個資料就這麼困難，可以想見，一般人想要追查事實有多少障礙？還有多少歷史眞相無法還原？

我們的政府包括檔案局在內，一直無法理解在這個國家造成隔閡的高牆，就是深埋在檔案局的那些故事。必須眞正公開檔案，讓大家都能看得見，這個國家才有眞相。

公開資料，主要目的不是爲了要報仇，不是要去追究、責怪當時犯錯的人，而是要讓整個社會有機會了解當時的情況，大家共同來面對、反省爲什麼會犯下這些錯誤？這樣才能讓臺灣的未來，不再產生同樣的傷痛與撕裂。

所以我不斷呼籲，唯有從「轉型正義」的角度來公開這些眞相，臺灣才有和解的機會。爲了推倒高牆，我們必須建立一套符合公平正義的機制，既能夠適度開放檔案資料給想要知道歷史眞相的人，讓社會進行討論與研究，同時也確保這些文件不是用來究責、報復。

這樣做，才能讓臺灣不再產生同樣的傷痛與撕裂，才有機會共同去追求一個和解的未來。

第八章

轉型正義的他山之石

梅克爾與納坦雅胡

或許有人會困惑，這麼多年來，臺灣不是已經從威權轉型到民主，最近幾年也不斷在強調公平正義嗎？這跟所謂的「轉型正義」究竟有什麼差別？

轉型正義是一個社會在民主轉型之後，面對過去威權獨裁體制的政治壓迫，以及因爲壓迫而導致社會（政治的、族群的或種族的）分裂，所進行的善後工作。這樣的狀況不僅僅發生在臺灣，包括德國在內的許多國家都曾經面臨同樣的問題。

臺灣歷經長達三十八年的戒嚴、四十三年的動員戡亂體制，雖然後來解除戒嚴、終止動員戡亂，逐步邁入民主法治時期，但人民飽受威權體制侵害生命、自由、財產傷害的歷史眞相，至今仍然沒有徹底檢討與反省。

另一方面，一九四五年至一九五〇年，中國大陸各地將近兩百萬軍民隨著國民政府播遷來臺，由於歷史經驗的不同，開始產生所謂省籍或族群問題。一九四七年的二二八事件、外省菁英數十年的統治，更加深省籍與族群隔閡。雖然臺灣新生代已逐漸成爲社會的主流，但關於臺灣歷史的詮釋與論述仍然迭有爭議。

威權「遺緒」不是只停留在歷史裡面而已，它在這個社會造成無數的集體創傷，讓我們凝聚認同的過程不斷遭遇障礙，政黨的良性競爭難以實現，憲政體制基礎的「臺灣共識」也遲遲無法成形。

因此，臺灣想要走向共同的未來，就必須推動轉型正義的工作，透過眞相揭露、族群和解、清理威權遺緒，才能眞正鞏固與發展臺灣成爲一個生命共同體必經之路。

談到轉型正義，德國是很好的例子。

從一九四五年八月十五日第二次世界大戰結束，到二〇一五年已經屆滿七十年。然而數十年來，德國人還在不斷反省、檢討爲什麼會發生希特勒屠殺猶太人的事件？我在德國留學期間，每年紀念日都有許多相關的演講與報告，除了反省當時的制度出了什麼問題？也在反省大家爲什麼噤聲不語？

最近發生的一段小插曲，更可以證明德國人的反省之深。以色列總理納坦雅胡（Benjamin Netanyahu）在耶路撒冷向全球猶太領袖發表演說時宣稱，希特勒原本只想驅逐猶太人，是因爲受到當時的巴勒斯坦領袖侯賽尼（Haj Amin al-Husseini）遊說煽動，才引發大屠殺。

納坦雅胡的發言，一方面替德國人開脫歷史罪責，意指殺害猶太人不是希特勒自己的主意、不完全是德國人的錯，一方面將矛頭朝向長年與以色列衝突的巴勒斯坦。

但是，一直在反省這段歷史的德國人並不領情。他隨後訪問柏林，德國總理梅克爾（Angela Merkel）與他共同舉行記者會時，當著納坦雅胡的面表示：「該爲猶太大屠殺負責的是我們。」梅克爾的發言人賽貝特（Steffen Seibert）也強調：「我們全體德國人都非常清楚，國家社會主義工人黨（即納粹）的種族狂熱導致文明崩毀，也就是猶太大屠殺。」

梅克爾的態度很明確，大屠殺猶太人是德國人的錯，德國人要負責，不要推給巴勒斯坦。因為德國人一直在反省，整個社會當年為什麼沒有足夠的力量去反對、制止希特勒大屠殺？希望防範、避免類似的悲劇再發生，這才叫眞正的轉型正義。

他們也意在言外地提醒納坦雅胡，我們知道眞正的問題出在種族仇恨。這句話是一語雙關：大屠殺是狂熱的種族仇恨所犯下的錯，所以，你們跟巴勒斯坦之間的恩恩怨怨也應該要化解了。

納坦雅胡想要替德國人開脫，結果梅克爾反而堅持德國人自己要為大屠殺負責，這樣的自省是多麼深刻、完整。因為，德國過去幾十年都在檢討，非常清楚錯在哪裡，完全不想卸責，這就是轉型正義成功的最佳範例。

透過推動轉型正義的工作，德國人體認到在希特勒時代，絕大多數人都算是某種程度的「加害者」。即使你當時不是黑衫軍、不是希特勒黨員、不是猶太人集中營的看守者、不是軍隊的領導者，但是當六百萬猶太人的人權遭到侵害、生命被殘忍剝奪的時刻，沒有發出不平之鳴、不敢挺身以行動去保護他們的人，等於是默認了希特勒的行爲。

例如教會系統，當時分成兩派，多數牧師集會支持、順服希特勒的法律與作爲，只有少數人組成「德國牧師緊急行動聯盟」反對納粹政府迫害猶太人，後來在「巴門會議」達成六點聲明，公開表示堅持自己的信仰、絕不妥協。

勇敢站出來反對納粹的牧師代表人物之一，就是馬丁・尼穆勒（Martin Niemöller），他的一段話廣爲後人所引用，見證爲什麼我們面對不義的時候必須挺身而出，不應該沉默不語：

當納粹追殺共產主義者，
我保持沉默，
——我不是共產主義者。
當他們追殺社會民主主義者，
我保持沉默，

——我不是社會民主主義者。

當他們追殺工會成員，
我沒站出來說話，
——我不是工會成員。

當他們追殺猶太人，
我保持沉默，
——我不是猶太人。

當他們要追殺我，
再也沒有人爲我說話了。

不願妥協的少數派牧師，後來當然無法免於希特勒的迫害，多數被抓了起來，甚至犧牲了生命。然而，二次大戰結束之後，堅持信仰的教會變得非常興旺，那些順服希特勒的主流派教會反而就沒落了。

在那樣的年代，多少人內心掙扎著，不知道自己應該站在哪一邊？絕大多數人最後選擇不講話，甚至順著納粹思維去舉報自己的猶太人鄰居、同事、朋友，只有少數的有識之士能夠發揮道德勇氣，反對希特勒的專制，以行動保護被迫害的人。但是，德國人戰後沒有鄉愿、沒有敷衍，沒有背過臉去假裝那只是少數人的錯誤，而是誠實且深切地推動各種反省與彌補。

一九八九年十一月九日，柏林圍牆倒塌，德意志民主共和國（即東德）在隔年的十月三日通過併入德意志聯邦共和國（即西德），兩德終於統一，隨即展開另一個階段的轉型正義工作。例如，前東德法官、檢察官淘汰將近一半，因爲他們處理過什麼案件很容易清查，專業與意識形態顯然是偏頗扭曲的，不可能再讓他們留在司法系統裡，剩下一半的人就重新訓練，當時我的幾位老師經常到東德去幫他們上課，將法律概念再教一次。

西班牙與佛朗哥

那麼，臺灣能不能照單全收德國經驗呢？其他國家的轉型正義又是如何？根據轉型正義國際中心（ICTJ）歸納各國的經驗，實踐轉型正義包含幾項工作內容，按照推動的時間，首先要進行的是真相調查，然後依序是起訴加害者、賠償受害者、追思與紀念、和解措施、制度改革，以及人事清查。

人權學者璐蒂・泰鐸（Ruti G.Teitel）在她的名著《轉型正義》一書中，討論第三波民主化國家處理舊政權不義罪愆的各種方式，則是包括以下幾個層面：

歷史正義：發掘真相，重新檢討與詮釋以往高壓統治的歷史，藉以凝聚社會的集體記憶、重建政治認同。

刑事正義：透過法律審判的方式，對舊獨裁政權加以究責、懲罰，以區隔從非法統治到合法統治過程中的規範與價值轉變。

補償正義：恢復受害者的權利、名譽，或給予金錢物質上的賠償，撫慰受害者並協助心理重建。

行政正義：對於舊政權的幫凶，例如情治系統、軍隊、警察、政府官員、法官、線民等，剝奪公職任用資格；對教育機構、學術團體、傳播媒體等協助不義政權的知識分子，予以解職與整頓。

憲法正義：重新建構憲法，大幅改變過去的政治系統，進行制度變革，以建立合理持久的政治秩序。

然而我認爲，臺灣已經沒有辦法依照轉型正義國際中心那樣的順序去進行轉型正義，也不見得還有機會完全落實璐蒂・泰鐸所說的各層面正義。

因爲，我們不是一轉型就談正義，而是先轉型、再談正義。從一九八七年解除戒嚴到現在，這中間已經過了將近三十年，許多該追訴或清查的人、事、物，都已經凋零或者湮沒，即使大張旗鼓去做，最後也很可能沒有結果，反而徒增社會的紛擾。

我們也別忘了，推動轉型正義的眞正目的，不是爲了清算、報復，而是透過這樣的過程，揭露眞相、撫慰受害者並且記取教訓，以促成整個社會的和解與團結。所以，我們應該務實面對臺灣「轉型正義不完全」的狀態，思考還有哪些是可以補救的。

在各國案例裡，民主轉型歷程與臺灣近似的是西班牙。我看到西班牙結束強人政治多年之後才開始推動的補救工作，就很値得狀況近似的臺灣借鏡。

（參考資料1：吳乃德、參考資料2：柳嘉信、參考資料3：黃建龍）

一九七五年，西班牙結束佛朗哥強人獨裁統治之後，爲了順利達成政府體制的過渡轉型，該國的左、右派勢力透過菁英協商，妥協達成「選擇性遺忘」的共識，但這樣的決定並沒有解決問題。

二〇〇四年，左派政黨「西班牙社會勞動黨（Partido Socialista Obrero Español，簡稱PSOE）」在選舉時提出訂定《歷史記憶法》的政見，執政之後，總理荷西・路易斯・羅德里格茲・薩巴德洛（José Luis Rodríguez Zapatero）推動立法，在二〇〇七年底通過實施。

值得一提的是，《歷史記憶法》的立法過程雖然遭到保守勢力反對，但正式施行之後，在二〇〇八年的大選中，PSOE繼續獲勝執政，可見他們所推動的轉型正義方式獲得選民認同。

西班牙《歷史記憶法》的重點工作大致有幾項：

在歷史正義的部分，主要是總結獨裁政權、清除強人佛朗哥在西班牙社會留下的各種威權「遺緒」。例如以佛朗哥命名的街道改名，拆除或改造歌頌佛朗哥及其獨裁統治的紀念碑、雕塑，將佛朗哥紀念碑改為受害者紀念碑；公共場合禁止出現獨裁政權的符號和標誌，甚至禁止在安葬佛朗哥的烈士谷舉行集會或遊行。

政府公布戰爭時期的檔案，出錢出力尋找內戰受害者的「萬人塚」，發掘遺體並幫助親屬辨認，讓死難者得以歸葬安息。

爲了釐清歷史眞相，也由國家出面成立歷史記憶檔案文獻中心，並且設置網站公開所有資訊供各界查詢。

在刑事正義方面，追溯西班牙內戰及佛朗哥獨裁統治期間的案件，凡是因爲政治、意識型態及宗教原因遭到迫害的人，相關判決被重新認定爲違法，當事人都可以恢復名譽。

補償正義的工作，以賠償與恢復身分爲主。遭受迫害的倖存者或受害者親屬可以申請賠償。在佛朗哥統治期間被放逐流亡海外的人，可以重獲原本被剝奪的西班牙國籍與公民身分，子女也可以提出國籍申請。

臺灣與缺憾的正義

回頭看看臺灣，我們究竟做了哪些呢？

在歷史正義的部分，官方除了出版二二八事件調查報告，算是初步釐清事件始末與責任歸屬之外，包括白色恐怖、美麗島事件、陳文成事件、林宅血案等，至今還是眞相未明。

沒有完整揭露政府數十年來持續進行政治壓迫的歷史眞相，致使部分威權體制的擁護者至今繼續曲解歷史，公然提出所謂「沒有戒嚴哪來民主」等荒謬主張。就連高中生都站出來抗議的歷史課綱「微調」事件，更顯示部分官員意圖淡化過去醜陋歷史的心態。

這種心態，就是執政者想要掩蓋、不願面對另一個部分的歷史，完全無法體會別人的歷史經驗與觀點，將自己的歷史觀與感受強加在別人身上，讓整個社會錯過更全面去掌握眞相的機會。

原本對二二八完全不理解、對白色恐怖也懵懵懂懂的我，經過先前所提到的種種歷程，聽聞林宅血案、韓若春等人的故事，就會試著想要了解更多不同角度的歷史。當我知道眞相以後就能夠理解，爲何有些人的看法、做法是這樣子，這就是眞相的意義。

從李登輝總統以來，歷任國家領導人都針對二二八事件、白色恐怖道歉，也將相關事件列入中小學教材，但是因爲歷史眞相無法完整呈現，政府每年舉辦的二二八紀念活動已經淪爲形式化、節慶化，教材也有隨時被「微調」的可能，我們一再喪失反省與自我檢討的契機，社會眞正的和解遙遙無期。

因爲眞相不明，刑事正義、行政正義也沒辦法進行。直到目前爲止，我們只有無數的被害者，沒有任何加害者被起訴或處罰，甚至連加害者是誰都搞不清楚。所謂的威權「遺緒」仍然隨處可見、被某些人推崇尊榮。解嚴之後，從來沒有進行過人事清查，當年威權體制的司法、檢調、情治系統共犯，彷彿事不關己，直接安全下莊，才會發生美麗島大審的軍事檢察官林輝煌長期主持

「法務部司法官訓練所（後來改制爲司法官學院）」，負責養成司法官的怪現象。

在更高層次的憲法正義方面，從一九九一年起，配合臺灣的民主轉型，我們啓動了七次修憲。大家比較期待的，是立法院目前正在進行的第八次修憲案討論，將選舉投票年齡由二十歲下修爲十八歲的公民權、二十歲被選舉權、降低政黨不分區門檻以及降低修憲門檻等主張，都是著眼於擴大人民對政治的參與，在狹義憲法層次大致符合憲法正義的要求。

至於廣義憲政層次的制度改革，例如追討以往被國民黨、救國團或婦聯會等團體不當侵占的國家財產，則是尙需努力。我認爲這個部分應該要落實進行，因爲以德國經驗來看，凍結、調查及追討這類財產，不是爲了報復特定政黨，而是基於民主規範下的公平與平等。

外界認爲已經在積極進行的補償正義方面，其實也不夠完整。這項工作分別由一九九五年成立的「二二八事件紀念基金會」、一九九八年的「戒嚴時期不當叛亂暨匪諜審判案件補償基金會」負責，兩個基金會賠償或補償的對象不同，標準及計算基數類似：處決或失蹤是六十個基數，折算大約是六百萬元。被監禁者依照被監禁的時間長短來折算，兩年以下的，賠償十七個以下的基數，超過兩年以上者，每逾一年就增加五個以下的基數，被沒收的財產也可以申請補償，但是合計監禁及財產損失上限低於遭到處決或失蹤者一至兩個基數。

相較於其他國家，例如阿根廷的年平均國民所得只有臺灣的三分之一，對喪生者的補償卻是二十二萬美元（折合新臺幣超過七百萬元）。

而在財產損失的補償方面，臺灣的做法更是最不符合正義原則。一般而言，對財產損失的賠償是最沒有疑義、政治分歧最少、也最容易估算的部分，因此多數國家都盡可能對受害者在財產上的損失給予完全的賠償。例如捷克的規定是還原財產損失，而在無法還原的狀況下，政府再發給金錢券予以賠償。

在臺灣，二二八事件或白色恐怖受害者遭到國家沒收或損失的財產，一直無法獲得合理賠償，關鍵在於《戒嚴時期人民受損權利回復條例》規定，無罪判決確定之後，才能請求發還被沒收的財產，但《國家安全法》第九條第二款又限制，戒嚴時期的政治案件除了再審或非常上訴之外，不得上訴或抗告，這等於在實務上封鎖了受難者的司法救濟之門，他們根本沒有機會獲得無罪判決確定，自然無法要求財產返還或補償，這樣的條文其實形同虛設。

可以說，我們在轉型的過程裡，因為種種妥協而僅僅進行了一部分「缺憾的正義」。然而，有些缺憾的形成，是不為也、非不能也，不應該繼續留給下一代，而是我們這一代必須努力去完成的未竟之業。

施明德與林輝煌

有的人可能會說，又來了、又來了，臺灣好不容易走到這一步，再去翻攪過去的傷痛，豈不是會讓這個社會更對立、更混亂嗎？

我再三強調，呼籲政府落實轉型正義的工作，目的不是爲了要報復，而是要讓整個社會了解歷史眞相，檢討過去爲什麼做錯，避免未來再次發生傷害。換句話說，政府要做的，就是將散落塵封在檔案局、國防部、情治系統等單位的文件資料公開，讓大家知道眞相，理解對方的傷痛在哪裡，彼此才有和解的機會。

先有眞相，我們才能負責任地思考，要如何去面對？要拿這些眞相怎麼辦？

前面提到的林輝煌，原本在法務部推薦給馬英九總統的大法官候選名單裡，但消息曝光之後，他擔任美麗島大審軍事檢察官的經歷被社會強烈質疑，最後就不了了之，跌出提名榜外。

我看過軍法大審的判決書，老實說，內容寫得太差了，亂扯一通，擺明找盡藉口讓施明德、黃信介、林義雄……等人去坐牢，根本是欲加之罪，我對他當然也是不以爲然。

想不到，施明德有一天找我去吃飯，座上客居然是林輝煌。我嚇了一大跳，你坐牢不就是因爲這個人嗎？你不是應該恨他嗎？作爲一個第三者，我冷眼旁觀他們之間的互動，施明德完全沒有當他是敵人，而且顯然是交情還不錯的朋友。

事後，我忍不住問施明德，爲什麼不恨林輝煌？他淡淡地說，眞正想要殲滅美麗島政團、鎮壓臺灣人反抗勢力的是以王昇爲首的軍特派集團，而最後拍板定案、下令逮人的是蔣經國！林輝煌當時是二十八歲的預備軍官，當個小小軍事檢察官，他沒有能力羅織罪名，只是被拉進去奉命演出的小角色，想要保有工作、保護家人，就不得不聽上面的命令，否則就會倒大楣、惹上很多麻煩。

身爲一個受害者，施明德居然可以站在對方的立場設想，接納、包容對方的過錯，而不是怨恨你這個人害得我好慘，這對我是何等的衝擊，也是難能可貴的學習。

我認爲他說得很有道理：「知道當年眞相之後，接下來的問題就是，我要不要仇恨他？只要懷有仇恨，雙方就不可能相處。我決定，對於做錯事情的小卒，不能有仇恨，既然沒有仇恨就可以重新成爲朋友。」

拒絕眞相，只會加深對立。無論任何時刻，我們都不能忘記，推動轉型正義是爲了和解，而和解的道路是由眞相鋪成的。

在這樣的道路上，才能創造向前邁進的無限可能。

本章參考資料：

1吳乃德，《轉型正義和歷史記憶：臺灣民主化的未竟之業》。

2柳嘉信，《西班牙的轉型正義：從「選擇遺忘」到「歷史記憶」》《臺灣國際研究季刊第十卷第二期》，二〇一四年夏季號。

3黃建龍，《轉型正義：民主化的西班牙這麼做，臺灣可以如何借鏡？》，發表於《故事》網站，二〇一四年十月二十日、二〇一五年三月二日。

第九章

走向共同的未來

好孩子與壞孩子

在德國海德堡讀書的時候，我花了很多時間在神學哲學上面，神學裡最感動我的字眼是「愛」。那個字原本是希臘文，原文的字根意思就是接納。

媽媽生下一個孩子，他可能是笨的、歪歪斜斜的，甚至缺耳缺眼、缺手缺腳，但她還是充滿愛意將孩子抱在懷裡，全然接納他。壞的也接納、好的也接納，這才叫做愛。

所以，聖經有個撒瑪利亞人的故事，一個猶太人被強盜打劫受了重傷，祭司和利未人路過但不聞不問，唯有一個撒馬利亞人不顧隔閡地照應他，後來還自己出錢把他送進旅店。

一個陌生人，如果你對他感到害怕，就不可能靠近、接納，更不可能去照應他。因爲，人性是要自我保護的，害怕異族的城邦築了城牆，擔心陌生人的我們也總是在周圍築了心牆，那些看起來壞壞的、髒髒的、非我族類的人，我們就用心牆來阻隔他，不跟他往來。

不往來，就沒有機會相互了解，牆內的人覺得牆外是另一個世界，牆外的人也覺得牆內既可疑又可怕。像我這種人反而被指指點點，覺得「你這個人怎麼變來變去，未免太奇怪了」。

在紅衫軍運動時期，一群人把我當英雄，另一群人痛恨我。後來我替柯文哲助選、參與小英基金會，曾經討厭我的人變得友善，而原本稱讚我的人又開始用懷疑的眼光看著我，甚至向我的兄弟姊妹質疑抱怨。不同的階段，我走在路上被打、太太在家裡接到恐嚇電話，而他們怨怒我的理由可能完全相反。

其實，我一直都是同一個我，只是每次做了重大決定，別人就用他們的牆來區隔、界定我。我反而覺得奇怪了，不是我在牆裡牆外跳來跳去呀，而是你們爲什麼不改變？爲什麼一直將自己關在圍牆裡面呢？

我之所以這樣，跟從小到大的經歷是有關係的，那些經歷讓我的「分類」一直在變動，透過不同群體的眼光看世界。即使日後又被歸類到別的群體，我也沒有忘記先前所體驗、觀察到的事，那些圍牆對我並沒有太大意義，不會因此而阻礙我對別人的接納。

當我笨得被丟進放牛班、壞到去混幫派，內心深處對所謂「優秀」的同學是羨慕的，就像窮孩子看著有錢人吃香喝辣，口水都快流出來了。後來開竅讀到博士、到大學教書，發現周圍都是從小優秀、學習路程幾乎一帆風順的人，一直在「優秀」的圍牆裡面，他們不是排斥，而是根本沒有留意到「笨」學生或者「壞」孩子，完全不知道外面世界是怎樣的。

即使後來被劃到「優秀」那一邊，我也不認爲自己是菁英分子，類似這樣的經歷，反而讓我非常好奇，想去理解不一樣的人。漸漸地，我發現除了天生的資質不同，這個社會還有太多種對立與差異，富人、窮人的對立，工人、資本家的對立，本省人、外省人的對立，藍的、綠的對立，如果你想要區隔彼此，永遠都可以找到各種分類。

偏偏在他們劃分的過程裡，我一會兒被劃過來，一會兒被劃過去。結果，我發現自己其實是可以多元的、彩色的，爲什麼要刻意局限在某一塊、某個顏色裡面呢？

不要局限自己，要去了解不同的對方，然後才能夠接納彼此的差異，這就是社會走向和解的開端。但個人能夠主動接觸與體驗的實在太有限了，所以要以國家的力量去推動轉型正義，將真相攤開在大家面前，催化整個社會的和解。

包括美國在內，世界各國在發展過程都有一些亂七八糟、不想去面對的事情，真正完整的歷史只有上帝知道，書籍、課本記載的總是片段，不會是百分之百。所以，民主國家有一套解密的機制，檔案、文獻不能保密一輩子，除了攸關國家與國家之間的極少數情治機密，一般的國家機密過個五十年也應該解密了。二二八事件已經將近七十年，白色恐怖時期迄今也幾十年了，還有什麼保密的必要？

還原真相的努力，民間一直有人在持續進行，但如果沒有官方的資源與法律奧援，是很難完整的，只能猜測還有資料隱藏在檔案局以外的部門。唯有執政者拿出魄力與決心去推動，才能確知還有哪些部分缺漏、如何調查，先釐清

歷史眞相之後，在保障政治受難者隱私的前提下，政治檔案應完全公開透明，
才能凝聚社會共識，進入下一個階段的工作。

轉型正義三部曲

因此，我認爲臺灣現階段推動轉型正義的優先順序是：

〈一〉尋求歷史的眞相

這個眞相不限於二二八、白色恐怖、美麗島事件、林宅血案、陳文成命案……應該同時涵蓋國民政府來臺之前的歷史經驗。

以我先前談到李登輝引發的「不抗日」爭議爲例，臺灣從一八九五年開始接受日本統治，到一九三七年七月七日的中國盧溝橋事件，中間已經過了四十二年。在中國跟日本打得如火如荼、抗日烽火燃遍大陸的抗戰期間，臺灣人是替日本上戰場的，家裡的男人，包括爸爸、兄弟、堂兄弟、表兄弟……都可能當了日本兵，甚至遠征到東洋。

二次世界大戰結束，日本是戰敗國，抗日的中國人歡欣鼓舞，臺籍日本兵卻是屬於「抗戰」失利、打敗仗的一方。就「抗戰」紀念日的意涵，撤退到臺灣的外省族群覺得應該慶祝，對許多臺灣人而言卻只是「終戰」，政府有責任讓彼此相互體會、理解彼此的歷史差異，而不是忽視、偏頗其中一方，甚至升高對立與誤會。

又例如美麗島事件，不少人還記得當時的肅殺氣氛，街頭巷尾到處貼著通緝施明德等人的公告，將他們一個個形容成十惡不赦的江洋大盜，懸賞高額獎金鼓勵大家踴躍檢舉。我因爲大學就認識黨外五虎將，深知施明德等人是追求民主自由的人，政府的說詞只是羅織他們入罪，當然不可能去密報檢舉，但多數民眾不明白眞相，受到欺騙而對黨外與民主運動存疑了多少年。

即使到現在，大家對美麗島事件的歷史或許不再陌生，高雄捷運也設置「美麗島站」來紀念這段過往，但眞相並未完全水落石出，例如引爆衝突的「不明人士」究竟來自何方，雖然有不少合理的推論，卻還沒有眞正破案。

我剛返國在高雄擔任教職時，認識一家餐廳老闆，他是特種部隊出身，曾經服務於具有情治色彩的軍事機構，受過專業的情報訓練，退伍之後，拿出積蓄開個小店。

我算是忠實顧客，常常去那裡打牙祭，不時和老闆聊天打屁。有一天，我一如往常坐下來吃飯，他默默走到我對面，先是左顧右盼確認沒有閒雜人等，然後突然跟我說起美麗島的故事。

他透露，從情治機關退役下來的「同梯」，三不五時就聚會或外出遊玩，前長官有一天跑來找他，噓寒問暖之後，要求他帶領二、三十位弟兄在十二月十日這天幫忙「掃蕩」黨外人士。

忠黨愛國的他沒有多問，當天下午就依指示夥同弟兄混入遊行群眾，每個人身上藏著小棍棒、石頭，手上還拿了雞蛋，相準時機就在隊伍裡起鬨，先朝警察丟雞蛋、石頭，拿出棍棒毆打憲兵，故意製造衝突。

我嚇了一跳，趕緊追問老闆：「這是眞的嗎？」他點了點頭，隨後靜靜走回廚房，繼續準備他的食材料理。

看似不起眼的老闆，突然向我吐露他參與美麗島事件的祕密，佐證有些人認爲政府在幕後策動「不明人士」的猜測。他的說法或許並不代表全部的事實，但可能是追查事件眞相的一個環節。而這樣的故事，不是只有一起。

這些年，臺灣的政治情勢丕變，施明德參加某場餐會，旁邊剛好坐著一位中將退役的將軍，飯吃到一半，那人突然靠過來在施的耳邊小聲說，美麗島事件的時候，他就在蔣經國身邊，並且問施明德知不知道當時爲什麼沒有被判死刑？

施明德搖搖頭，這位退役將領吐露祕辛說，他當時清楚看到寫著「死刑」的施明德公文呈到蔣經國那裡，但蔣經國卻認爲不可行，語氣堅定地指示：「這個人不能一槍打死，要判他無期徒刑！」

那位將領當場無法體會經國先生的意思，但隨後又聽到他說：「關他一輩子在牢裡，是要慢慢把他反抗的意志折磨掉，不要讓他做烈士。」

所以，美麗島事件的眞相是什麼呢？是遊行群眾一時失控而擦槍走火？是自認忠黨愛國的有心人士刻意製造衝突？還是統治階層爲了藉機將黨外人士扣上叛亂的帽子，刻意透過跟情治系統有淵源的人在幕後操控？向來被奉爲「親民」「開明」的蔣經國，在那位退役將領口中，跟他的父親蔣介石一樣，一手掌控要判死判生。如果沒有這段告白，我們哪能窺見蔣經國的心理？

光是一個年代並不算久遠的美麗島事件，就有那麼多散落的拼圖，可見我們距離眾多歷史的眞相還有多遠。所以我們應該設法鼓勵知悉內情的人勇敢說出事實，不要讓這些祕密隨他們凋零而飄散。

〈二〉導正歷史的錯誤

歷史眞相釐清之後，在這樣的基礎上，社會才能對接下來的工作形成共識。

我認爲，賠償正義的部分一定要做。這部分比較單純，以往只做了一半，應該要打開先前封鎖的司法救濟之門，修改《戒嚴時期人民受損權利回復條例》，讓已經回復名譽的政治受難者及其家屬得以申請發還或合理補償被沒收的財產。

比較保留的是刑事正義與行政正義兩個部分，因爲行政正義就是對威權時期的人事進行清查，也就是國外《除垢法》的概念，但我們解嚴將近三十年了，除了極少數的特例，當年主導那些錯誤政策的人絕大部分都已經退休、不在位子上了，也幾乎不會再擔任公職而造成危害，提「除垢」並沒有太大意義。

另一個理由是，我們推動轉型正義的優先目標是眞相大白，想要眞相大白，除了檔案文件，可能還要倚靠關鍵人物吐露實情。如果要堅持落實刑事正義，例如類似餐廳老闆的參與者，他確實做錯了，但我們要逮捕他移送司法機關審判？押著他遊街示眾？還是將他的祖宗十八代都挖出來公審？

不放過任何人，只會在追查眞相的階段就引發緊張，讓原本有可能說出實情的人因爲擔心害怕後果而選擇繼續沉默。因此，與其去「除垢」，不如提供一套機制，讓相關當事人願意站出來協助轉型正義的工作。例如林宅血案，參與這個案件的情治人員或殺手說不定還生活在臺灣社會某個角落，即使重啓調查，檢察官窮其一生也可能查不出來，如果能夠給予特赦，讓他們講出事實，找出眞正該負責卻隱身幕後的人，至少眞相不至於湮沒不彰。

如果沒有人肯開口，事實反而無法水落石出。我們要提供誘因讓當時屬於中層或基層的參與者講眞話，讓他們反省在威權年代所犯下的錯。眞正需要被清理的，應該是主導、指示這些事件的威權「遺緒」，也就是最主要的加害者目前還被尊榮的問題。

在德國，根本不可能允許任何榮耀或紀念希特勒的公開活動，更不會有他的紀念堂、銅像、道路，西班牙等國家推動轉型正義的例子也是如此。如果大家都清楚知道蔣介石做過什麼，我相信多數人應該不會再神化他是「民族救星」，也會同意不宜再對他行禮致敬吧？

〈三〉學習歷史的經驗

尋求眞相、導正錯誤之後，最後一步就是記取教訓。

如同德國，直到現在還在檢討爲什麼當年會殘殺六百萬名猶太人？是希特勒一個人的責任？還是要歸咎於幾萬名的黑衫軍？

德國人反省的答案是，如果當初不是全國絕大多數的人民一起支持希特勒、支持集中營，怎麼可能會有那麼多猶太人被屠殺？所以，他們每年的紀念日就是檢討日，要透過一個又一個的故事去深深省思，目的在於警惕當權者及人民、教育德國的孩子，避免以後再發生類似的悲劇。

透過眞誠的溝通，袪除相互報復的疑慮，我們才能好好面對以往的錯誤，檢討那些事情究竟是怎麼發生的？然後記取教訓，寫在歷史課本裡面，教育下一代的人不要再犯，這就是轉型正義的終極目標與意義。

黃金十年，和解契機

我在柯文哲競選市長的晚會說：「我們有不同的歷史，可是我們有相同的現在，希望創造相同的未來。」

如果兩岸開戰，中國打過來了，在那個戰火的瞬間，飛彈跟子彈會認人嗎？主張獨立的人、主張統一的人，命運會有所不同嗎？我們還能分彼此嗎？

我們都是命運共同體，都是自己人，不應該再以族群、政治立場去劃分你我。這就是我再三強調的：推動「轉型正義」的工作，是臺灣尋求民主政治更進一步成熟發展的首要任務，也是族群和解、鞏固與發展臺灣成爲一個生命共同體必經之路。

去年（二〇一五年）的十月十日，在野的民進黨主席蔡英文出席國慶典禮，藍營一片圍剿諷刺，批評她是爲了選舉考量、想拉攏中間選民才會參加。

但我的觀察是，蔡英文是以具體行動實踐「藍綠和解」的主張。傳統的藍綠觀念存在許多圖騰、符號象徵，參加國慶大典就是其中的一個，她希望突破固有的僵化印象，向支持者及社會宣告建立「臺灣共識」。

我可以體會她因爲這個舉動而遭受的質疑。就像我輔選柯文哲，外界認定我明明是個「藍軍」，竟然去幫助「綠營人士」柯文哲，結果藍綠都不討喜，有的綠營支持者認爲我可能別有企圖，藍營也批判我「背叛同志」而恨我入骨。

主張和解的人，往往不被視爲採取溫和路線而廣受接納，反而多半被兩邊的人都討厭排斥，這種煎熬是外人所不知道的。不過，信仰不時給予我力量和勇氣，神給我的話語就是「使人和睦的人有福了」，所以我和柯文哲攜手在臺北市長的選戰中合作，也期待臺灣社會能出現更多類似蔡英文這樣願意和解的領袖人物。

我認爲，從二〇一六年起的未來十年是臺灣社會和解的契機，主要有三個面向。

第一個面向：世代交替

一九四九年的臺灣，距今已經超過半個世紀，那一年，從大陸各地跟隨國民政府播遷來臺的人，與接受日本統治的臺灣人有不同的歷史經驗。爾後，從一九五〇年（民國三十九年）之後陸續出生的人，大家開始擁有共同的歷史、共同的經驗，就像我雖然被視爲「外省第二代」，但其實是在臺灣土生土長的第一代。

我父母那一代，也就是兩百萬跟隨國民政府到臺灣的軍民，應該算是外省族群在臺灣的最後一代，跟他們年代相仿的臺灣人，也是具有日本統治經驗的最後一代。十年之後的二〇二六年，他們都差不多超過百歲高齡了，即使還活著，也不會是臺灣社會的主流，不可能再主導臺灣的未來。

從一九五〇年之後，像我這樣在臺灣製造、臺灣出生、臺灣長大的人，我們親身感受的歷史經驗大致是相同的，彼此的差別在於成長過程可能受到長輩影響，我是外省長輩，而另一群人是具有日本統治經驗的臺灣長輩。我們這一代現在大約六十幾歲，十年之後都七十幾歲，也都應該交棒了。

因此，在未來十年，我們這個世代會逐漸將社會、政治的主導權交替給下一個全新的世代，他們更沒有歷史差異與包袱，這是我對世代交替深具信心的原因。

第二個面向：政黨解構重組

我認爲，這次總統大選象徵「解構重組」時代來臨，國民黨、民進黨這兩個主要政黨在未來十年之內將會重組，國民黨將在選後面臨下一波分裂與解散，而民進黨必定也會步上解構一途。

爲什麼呢？

國民黨是個統治階級的黨，它接收臺灣，並且以白色恐怖手段進行統治，反抗它的民進黨是一個革命政黨，對抗白色恐怖的統治階級。在我的觀察，它們都不算眞正的民主政黨，所以臺灣根本還沒有眞正的政黨政治，也不像某些學者說的「兩黨政治已經成形」。

從中國敗退到臺灣的國民黨，靠著軍隊、情治、政治控制以及黨產資源來統治，掌握軍公教爲主的體系，但這個統治基礎的正當性越來越薄弱，軍公教鐵票生鏽，所以它已經開始解構，例如王金平所領導的本土派，在這次總統大選及國會改選之後的走向是什麼？會不會跟別的本土派勢力結合？這是許多人正在觀察的。

國民黨的本土派爆發出走危機，原本被歸屬於民進黨的獨派人士，也因爲不滿意民進黨的表現，紛紛各自成立新政黨，這些就是解構重組的崩解跡象。例如針對兩岸的未來，等到各政黨一番重組之後，或許又會衍生不同看法，但基本上都會回歸到臺灣本位，只是鴿派鷹派、簽不簽服貿協議之類的差別。

簡單說，我認爲各黨對兩岸未來的辯論不是統獨之爭，而是鷹派跟鴿派的政策問題，或者親美、親日還是親中的不同選擇，由此產生不同的評估。例如軍購，有的人贊成多買軍購，有些人希望少買，這是鷹派跟鴿派的差異，而不是統獨立場之爭。

一個國家存在兩個以上的政黨競爭，不見得就是政黨政治。西方的政黨政治，關鍵在於要有兩個以上的「民主」政黨，也就是這些政黨必須對內民主、對外也民主，這樣才能以良性的角度來與對手競爭，而不是高舉敵我意識的旗幟在惡鬥。

反觀臺灣，國民黨是什麼民主政黨？它根本從來就不是一個民主政黨，所以不可能形成兩黨政治，這是最基礎的理論。

以德國的例子來看，東德跟西德合併之後，東德的共產黨剛開始還在，但推動轉型正義、社會逐漸和解之後，威權政黨就越來越式微，原來那些保守或者破壞性的政黨也都被淘汰了。

因此我才樂觀認爲，未來十年，在臺灣現有的政黨解構重組、形成眞正的民主政黨之下，轉型正義的前景可期。

第三個面向：轉型正義的概念逐漸成熟

透過解除戒嚴、定期選舉，臺灣民主化二十多年了，但是一直沒辦法妥善處理歷史爭議，導致民主化工程很難向前突破，整個社會處於脆弱的狀態，影響國力、經濟發展，甚至呈現衰退現象，這都是民主的不成熟所造成的。

然而，臺灣的自由民主是受到西方認可的，也是我們相對於中國的優勢。如果眞正的政黨政治成形，轉型正義、社會和解的大工程能夠成功，我們的民主堅固成熟，就足以共同面對外面的挑戰。

因爲這三個面向，我認爲臺灣應該掌握黃金十年，完成轉型正義、社會和解的工程。

每個人都年輕過，年輕的時候或多或少免不了犯錯，如果一直不肯檢討自己所犯的錯，就不可能成長。套用心理學的學理，你閉著眼睛不去看它，反而成爲內心的黑洞，即使以爲自己早就忘記了，下意識還是會受到影響，所以最好的方法是去面對它，才能眞正越過它、療癒它，讓黑洞不再是黑洞。

臺灣過去累積了多少傷痕？有二二八的傷痛，有白色恐怖的驚懼，可是這個國家都不願意好好面對它，坐視它變成一個黑洞，導致這個黑洞永遠潛藏在我們的社會，過了多少年都還在痛苦、還在爭執。

臺灣想要成爲一個文明的國家，如果連這一步都沒有踏出去，怎麼可能有下一步的原諒寬恕？怎麼有辦法走向一個相同的未來呢？

我希望結合所有志同道合的朋友，一起爲臺灣的轉型正義、社會和解而齊心努力。

那個未來，不在他鄉，不在彼岸，而是植根於我們相同的現在。

願意攜手付出，我們的未來就有機會成爲光明的所在。

跨界對談

眞心傾聽彼此不同的過去

主持人：簡志忠

對談人：姚立明、吳念眞

跨界對談

眞心傾聽彼此不同的過去

主持人　圓神出版發行人簡志忠
對談人　姚立明、吳念真

簡志忠：這本書的主軸是，我們可能有不一樣的過去，但是希望走向共同的未來。臺灣社會長期糾結在省籍衝突與階級矛盾之中，究竟要如何完成轉型正義，破除一些障礙，讓大家走向共同的未來？

姚立明：寫這本書之前，最擔心被外界誤會我自以爲是「先知」，彷彿只有我一個人可以爬出高牆。所以，眞正想讓大家理解的是，推倒高牆很不容易，我這一路也是跌跌撞撞，花了三、四十年的歲月才走出來。

吳念真：我認識那麼多外省朋友，有些人其實跟你一樣，早就發現問題了，國民黨有問題、被灌輸的觀念有問題，可是他們不像你那麼理性地自剖，不願意承認、不想要面對，到最後就漸行漸遠。

就我的觀察，省籍不是問題，階級才是。有些外省朋友具有潛在優越感，不自覺流露出「我們是管理者」的心態，他們討厭李登輝、柯文哲，因爲覺得你們這些臺灣人憑什麼當管理者？憑什麼！這種優越感，在對岸開始有錢之後，也可以在大陸朋友身上看到，聽他們不經意地說什麼臺灣文化是邊疆等等，我就覺得：「天啊！又來了！」

姚立明：我太太從小在眷村長大，跟我一樣接受傳統的外省文化洗禮，三十歲之前並不覺得有什麼白色恐怖。我問過她，什麼時候開始感受到衝擊？她說，婚後回到我小時候住的士林官邸附近，看到做禮拜的雅歌堂，回想起生平第一次戴孝就是爲蔣中正死亡哀悼，她很難理解，爲什麼印象裡慈祥和藹的老人既可以是基督徒，又可以那麼殘忍批示將韓若春立即槍決？

從小，我們看的是蔣夫人笑咪咪觀賞小朋友表演歌舞的新聞，我還親眼目睹老蔣先生很自然就抱起髒兮兮的小孩，對我們而言，他們都是非常照顧大家的長者，怎麼可能是白色恐怖的始作俑者？一個虔誠的基督徒，做禮拜教導的是要關懷人、要愛人，可是走出教堂、回到總統府辦公室，又可以立刻簽公文要槍斃這個、槍斃那個，這麼大的反差讓我很難釋懷。經過很長一段時間，我才能理解，這就是統治者的心態。

基督教信仰有所謂「認罪」，就是一個救贖的概念。外省族群從小認識、崇拜一個偉人，後來發現他竟然還有不同的、不好的面向，要接受這一點，彷彿同時否定了自己的過去，內心必須經歷很大的折磨，這道高牆不容易越過去。但是，不承認、不面對，就永遠得不到救贖。

吳念真：我跟你最大的不同是，很小就聽過二二八，七、八歲就開始矛盾糾結了。

我們那個礦場的老闆劉明（本名劉傳明），是延平中學創辦人之一，他在二二八事件後被抓去關了十年，原本可以吃三代人的財產也絕大多數被充公。早年留學日本的他是個好老闆，向來善待工人，所以一直被懷念著。

劉老闆的個性很浪漫，從小聽大人敘述他的故事之一，就是尾牙發獎金，他喝得臉紅紅的，袖子捲起來、領帶鬆開，一大堆幣值不同的舊臺幣堆在事務所，無論你是師傅、工人、小工，都以你家有幾個小孩爲單位來發，三個小孩就三畚箕，畚箕裡的鈔票面額大小全憑運氣，大家爭相比較自己有多好運，那個場面是多麼有趣、多麼歡樂，對小孩子而言，他是多麼令人嚮往的英雄形象。

劉老闆放出來那年，我已經小學二年級，全村主動大掃除，到處貼著「歡迎劉老闆回家」的紅紙，車子一出現在崙頂，大家就猛放鞭炮。他的模樣正如我爸爸形容的，長得有點像辜振甫，優雅的老紳士，帶著裝滿字典、鉛筆、筆記本的袋子，規矩還是跟以前一樣，你家幾個小孩就幾份，然後用臺語對大家演講。我永遠記得其中一句話：「卡艱苦，也要給囝仔讀書，讀書才有知識，有知識才有力量。」這就是我寫在《這些人，那些事》裡面的〈頭家返鄉〉。

我也聽礦工說，另一個礦長到臺北去，在八堵車站被衝上火車抓人的阿兵哥帶走，從此再也沒有回來，太太花了很多黃金到處拜託，卻只領回衣服和領帶，裝進盒子藏在家中的神龕後面。他回不來，影響了整個家庭，太太害怕小孩念太多書會像爸爸一樣「腦殼亂想」，孩子小學畢業就不肯讓他們再升學。過了一段時間，跟他一起被抓走的朋友獲釋，透露他當時撕下袖珍筆記本的紙張，偷偷寫了什麼塞進領帶裡面。於是，將領帶拿出來檢查，眞的藏著一張紙，親人看了就痛哭失聲，因爲上面用日文寫著：「你們要活得有尊嚴，爸爸不是罪人。」

這就是我從小聽到的、看到的，這些事情是存在的，學校教育卻從來不提，所以我很小就開始懷疑課本裡的東西。小孩是很敏感的，課本都寫著小明、小華，可是臺灣小孩都叫阿×、阿○嘛。書上的爸爸在家裡也一身西裝、媽媽穿旗袍，但我們的爸爸明明一下工就七分褲、木屐，媽媽也穿得跟課本不一樣呀，那是另一個高高在上的世界。

另一種矛盾是，村子裡敬畏的權威都是外省人，例如警察、老師。老師家有配給，煤炭送到家，有米、有麵粉，在臺灣那個時代，吃麵是大事，他們家沒事就吃麵，儼然是比較高階級的。但是，礦工對外省人的某些生活習慣又不以爲然，有時也會輕蔑：「那些外省仔。」因爲有差異，就會針對彼此不同的東西去批評。

漸漸地，多接觸課本以外的東西，我也開始理解那些差異。第一次眞正感受到外省人也有他們的悲哀，是在當兵的時候，那些四、五十歲還沒辦法娶老婆的士官長，那段期間剛好興起結婚潮，找來的新娘才十幾歲，岳父比他們還年輕，我們這些臺灣士兵就認眞幫忙辦婚禮。老士官長後來開始跟我們講一些私密的故事，例如他們當年如何在大陸被「抓兵」，太太抱著小孩被強行拉開，他永遠忘不了，最後一眼看到的是小孩鞋子上繡著的老虎頭。

震撼最大的，是在黨外雜誌看到山東流亡學生被迫害的「澎湖七一三事件」，跟當時我上班的中影的製片經理趙琦彬提起，發現他竟然就是當事人之一，包括著名的編劇張永祥、後來擔任臺大文學院院長的朱炎等人也都是。趙琦彬說，他們當時都還是孩子，半夜聽到抓人的聲音，大家都「不敢醒」，這段歷史，幾本書也寫不完。我聽他講完細節，就很激動地說，爲什麼不寫出來？不拍出來讓大家知道呢？他回答：「念眞，你想想我的職位……」那時是民國七十幾年，還沒有解除戒嚴，連他也沒辦法去寫一部這樣的東西。

我感受到本省、外省各有自己的悲哀，很多事情是因爲戰亂，所以就這樣發生了。掩蓋眞相只會衍生各種猜測在裡面，累積的省籍問題反而更大。所以，我認同《悲情城市》或是《老莫的第二個春天》那樣的題材，很希望透過創作將這些事情講開，大家可以溝通，才能體會雙方都有無奈。像我看到書中寫姚媽媽生氣日本電器那段，就很感動，知道她的好朋友死於日本轟炸的過往，才能理解她反日的情緒。

簡志忠：階級通常是自然形成，省籍問題則是政治蓄意操弄的。在成長的過程裡，我看到的省籍衝突，大部分是傲慢的外省人加上投機的臺灣人所造成的。一個好的政治，應該要拆掉省籍的藩籬，臺灣長期以來卻是統治者蓄意操弄省籍對立。

姚立明：以階級來講，統治階層是少數，多數外省人自己也是受害者，例如《老莫的第二個春天》《軍中樂園》裡的士官長，他們原本心不甘情不願被抓去當兵，卻漸漸認同統治集團，不管什麼命令都會執行，變成完全站在統治者這邊，幫忙壓制在臺灣占絕大多數的本省人，本省人對統治者的民怨也投射在這群人身上。

竹籬笆裡的外省族群，除了米麵配給的小福利，並沒有享受到統治者的什麼大利益，教育水準不高、生活困頓的也很多，像我有位教授朋友從小對外省人的印象就是騎三輪車賣大餅的，根本不是什麼高高在上的大官。

這群外省人也是廣義的受害者，但他們沒有理解到自己被統治者利用的角色定位，無法否定自己去面對被騙了三、四十年的事實。所以，要推動轉型正義，最重要的就是讓他們知道眞相，張開眼睛看到自己與別人的故事，不能爲了拆牆卻讓他們更痛，那高牆就拆不掉了。

簡志忠：必須讓外省族群也體認到，大家都是被統治者運用的棋子。

吳念真：當一個族群自以爲是統治階層，就會看不起比他更底層的人，具有優越感的外省人看不起本省人，然後有些本省人又看不起原住民，其實被輕視者也會反過來鄙夷高高在上的人。國民黨以前宣傳國軍如何如何打共匪，我就聽到礦工或臺灣阿兵哥嘲笑他們：「是有多厲害？都被打到臺灣來，整個國家輸光光了啊！」

姚立明：我覺得文化是一個關鍵，語言、歷史都太重要了，統治者深知這一點，一開始就刻意隔閡人民。像我太太說，她生長的眷村有十幾種語言，大家的鄉音完全不一樣，連蒙古話都有，偏偏就沒有人講臺灣話，因爲政府的語言政策就是盡量禁止講臺語。這是統治者刻意不讓你們融合，一旦融合了，他的統治力就降低了。

吳念真：臺灣民間很重視大拜拜，每個地區崇拜的神明不一樣，舉辦大拜拜的時間也不一樣。那是地方大事，遠方親戚、久不見面的朋友都會特地來湊熱鬧，包括介紹婚姻也往往趁那個機會偷看，是臺灣人情感聯結很重要的活動。在我初中的某一年，政府突然以「避免鋪張浪費」的名義規定統一拜拜，大家都同一天拜拜，就不可能到別人那裡作客，也不會聚集了。我後來想，國民黨眞的有這麼聰明嗎？類似這樣的政策，究竟是誤打誤撞？還是刻意不讓臺灣人聚集，不讓我們有情感的大聯結？

簡志忠：國民黨是百年政黨，能夠存在百年，一定有他的核心能力，操控人民就是他的能力，不要低估了他的能力。

吳念真：國民黨已經百年了，如果要談轉型正義，應該讓他們像其他政黨一樣重新開始、公平競爭，所以第一件事就是黨產，曾經從這塊土地不當獲得的財物都要歸還。黨產沒有了，選舉沒有可以輕鬆獲勝的財力，必須爭取民眾的支持、趨近人民的需要才能存活，國民黨也會跟著轉型，黨內某些被壓抑的聲音、優秀的人才會出頭。

簡志忠：他們現在拚命在那個「不當」上面動腦筋，其實所有黨產，除了黨員繳交的黨費外，其餘都是不當的。

姚立明：眞的要查，很容易追到源頭。眞正的困難在於法律是不溯及既往、保護善意第三人的，所以國民黨現在拚命移轉黨產，即使你追查到了，也已經是別人的，拿不回來。但第一步至少要做到，像救國團、婦女會占用的土地、建築，不能讓他再直接使用了。

簡志忠：轉型正義不做，臺灣許多錯綜複雜的問題都很難解決。例如文化，在政治的控制之下，一整個世代的創作自由都化爲烏有，包括文學、電影……如果不寫國仇家恨，根本不可能發表。在那個時代，流著創作血液的人，如果不願意變成工具，即使創作出來也沒辦法刊登。

吳念真：我們從小看的小說，故事背景都是中國大陸。等到有了黃春明、陳映眞，王禎和、王拓……立刻引起當局注意，打壓本土作家的鄉土文學論戰就來了，有人甚至惡意把這些以本地爲背景的作品歸類爲和共產黨等同的「工農兵文學」。

姚立明：幾十年來，透過電影、小說等等創作，按照統治者想法去塑造中國導向的歷史與文化，直到現在還沒有扭轉過來。所以，轉型正義有一個很重要的部分就是說故事，在這塊土地上，不同族群背景的人都說出自己的遭遇，現在說的還很有限，像我父親就一直不肯說出淮海戰役那一段。

簡志忠：臺灣社會要整個轉型，眞的非常不容易。有的人不能接受中正紀念堂爲什麼還在那裡？還有全國有多少條「中正」路。

吳念真：臺灣被不同政權統治過，有位朋友形容得好，鐵蹄踏過，可能滿目瘡痍，但臺灣卻是遍地開花，每一批來過、踏過的人都留下了一些東西，開出不同的文化花朵。

我兒子當過一個美國導演的助導，那導演來我家就說：「看你們家就看到臺灣。」最上面是佛堂，客廳擺著西式沙發，房間有日本和室，餐廳桌子不是臺灣傳統圓桌，而是長方形的，現代化廚房裡煮的是鹹菜鴨等臺灣菜，這就是不同文化所留下來的印記。

民國四十幾年的時候，國民黨下了一道命令，將日本留下來的神社、鳥居遺跡都拆掉，橋梁原本刻著「大正」字眼就硬生生打掉，但民間還是留下種種歷史的印記，有時走過街道，轉一個彎，就彷彿看到日本的小巷。

不順眼就拆掉是沒有自信，只想到趕快去破壞、摧毀它，有自信就應該留下來，成爲歷史的痕跡。如果推動轉型正義，久而久之，大家對蔣中正產生不同的歷史評斷，看到中正紀念堂就有不同的觀感與想法，不再是崇拜「偉人」，可能只是去散步的地方。

簡志忠：沒錯，轉型正義啓動之後，民間自有公論，就會形成新的東西。

姚立明：到時候，大家對中正路的概念就不是紀念蔣中正，而是城市最中間、最筆直的那條道路了。

吳念真：推動轉型正義絕對不是清算，而是釐清過往歷史的某些東西。我們小時候被教育的是中共「竊據」大陸，蔣介石帶著幾百萬官兵來到臺灣這個「反共復國基地」，但現在大家重新檢視這段歷史，眞相是他當年在大陸的統治出現許多問題，一路被打到臺灣來，又實施高壓統治，造成不同的文化悲劇。

簡志忠：我們說臺灣是個民主國家，但這個民主是要加引號的。臺灣太多事物被摻雜了政治的成分，所以，轉型正義要做的是，讓文學、藝術等許多東西都回復原本人性的、自然的面貌，而不是那麼政治。

在和解與寬恕的基調下，臺灣錯綜複雜的問題應該被重新整理，包括省籍的、階級的、政治的，讓社會看到歷史眞相，大家自然產生新的共識。所以，文化這個部分是非常重要的。

吳念真：這幾年，被寫出來比較多的部分，是關於臺灣人在二二八或白色恐怖時期的傷痛，其實外省人在那段時期也遭受許多苦難，例如我讀到姚教授提到的韓若春先生的事件，眞是怵目驚心。我認為，在口述歷史的時候，對於外省人遭受的迫害冤屈，應該再多一點重視、多理解他們的無奈。

簡志忠：統治者以眷村的竹籬笆為界，刻意創造兩邊的衝突，其實，竹籬笆內外都是統治者運用的棋子而已，拆掉籬笆之後，大家更需要互相理解。

外省人的確也有很多人被迫害，像我有位朋友的叔公是中將退役，他們家非常不喜歡蔣經國，因爲叔公當年常奉命「下餃子」，就是在港邊將人槍決，然後直接推到海裡去，根本沒有什麼證據、審判那回事，知道眞相是怎麼回事，當然不會去崇敬統治者。

掀開這類事情，就像最近沸沸揚揚的軍宅案被公開，大家才知道國家是如此對待跟隨政府來臺的這些人。除了統治者之外，沒有什麼壓迫者、被壓迫者之分，大家都是被害者，只是被統治者操弄來互相傷害。

姚立明：當轉型正義的工作啓動，一個又一個的故事出來，一直追根究柢到一九四九年，大家會發現所有不正義的事情都跟國民黨有關，未來五年、八年，國民黨這塊招牌很難生存了。

我期待的是，大家好好互動、交談，不會每講一句話就用成見或意識型態去解釋。我不敢說，透過轉型正義，臺灣就可以百分之百和解與團結，可能還有百分之五或百分之十，但是至少不會每逢選舉就爭執什麼中華民國保衛戰，如同在美國，即使連川普這麼極端的人也不敢質疑對方愛不愛國。

簡志忠：轉型正義很重要，但是非常困難，作家、戲劇界、音樂工作者等不同領域的文化人，應該一起來做這個工作。

姚立明：光是要讓大家認知彼此有不同的過去就很困難，因爲大家習慣將自己的經歷化約爲全面的經驗，不願意探出頭看看圍牆外面的世界。

吳念真：我以前在舞臺劇寫過，爲什麼人都會以有限的認知去猜測他根本不理解的事情？

我們有不同的過去，但是大家還沒有理解彼此的不同，如果能夠理解這一點，很多事情就會化解。

那個過程你歹命、我也歹命，其實大家都是一樣的，未來的命運也可能是一樣的。

姚立明：願意講、願意聽，一定要有動機。一個老芋仔，在沒有任何準備的情況下，聽到一個日本兵講自己的故事，可能聽不到兩句話就把耳朵關起來，根本聽不進去了。所以，這中間缺少一個東西，就是需要一個觸媒，讓大家回想到當初那個情境，否則老芋仔不但不想聽，連自己經歷過的苦難也不想講了。

念眞當年的《老莫的第二個春天》爲什麼那麼好，因爲他講出一個大家願意聆聽的故事。多少外省人覺得是在講自己的遭遇，而本省人也認識到老芋仔的悲哀。

究竟要怎麼做，才能願意彼此傾聽？我期待的不是政府，而是民間，尤其是文化人。政府應該做的是不斷提供眞相，眞相出來了，所有故事都是大家的故事，一方面透過教育讓下一代了解，一方面期待文化的潛移默化讓現有世代漸漸凝聚共同的認識，比較容易產生共同的結論，就有機會創造共同的未來。

吳念真：對過去的事件，如果彼此有清晰的理解，才會發現，其實我們都一樣，只是因爲歷史的某些狀況而誤解對方，沒有把事情看清楚。如果看清楚了，就會覺得，天哪，原來我們都走過相同的時代，只是有各自的憂喜。如果沒有這些心結，就不會再受制於統治者有意無意加諸我們身上的各種誤會，發覺我們的生命是一樣的，就會有共同的未來。

我很想扮演這樣的角色。以前就想，臺北人爲什麼不去理解其他地方？不關心他所不知道的行業，所以才會做電視《臺灣念眞情》，一做做了兩、三年，而且特地用國語配音讓臺北人看。

《人間條件》系列舞臺劇也是，《人間條件六：未來的主人翁》演出之後，收到許多六、七年級生的問卷回饋說：「我們被理解了，被安慰了。」臺灣的未來是他們的，這個未來已經很艱辛了，如果彼此還因爲不理解或誤會而繼續糾纏，實在浪費太多時間了。

現在或許有點晚了，很多人的故事還來不及被記錄就消逝了，只能依靠檔案資料。但無論如何，只要開始做，就是臺灣一起面對未來的開始。

簡志忠：所以，我們其實有共同的過去，無論本省、外省，都是統治者的棋子，在底層扮演統治者要我們扮演的角色，用各種方式操弄省籍對立、階級對立，大家都有同樣的不安，只是化作不同的哀愁。

承認與面對，才有可能改變。如同聖嚴法師說的，我們要面對它、接受它、處理它、放下它。

推動轉型正義，面對大家同爲棋子的過去，才有可能擁有相同的未來。

TABATA之父

國家圖書館出版品預行編目資料

也許我們沒有共同的過去，但一定可以有共同的未來 / 姚立明 著.
-- 初版. -- 臺北市：圓神，2016.03
208面；14.8×20.8公分. --（圓神文叢；190）
ISBN 978-986-133-563-6（平裝）
1.臺灣政治 2.文集

573.07 104027435

Eurasian Publishing Group
圓神出版事業機構
用心與你對話・視野無限寬廣
圓神出版社
Eurasian Press

www.booklife.com.tw reader@mail.eurasian.com.tw

圓神文叢 190

也許我們沒有共同的過去，但一定可以有共同的未來

作　　者／姚立明
文字整理／張麗伽・陳彥佑
發 行 人／簡志忠
出 版 者／圓神出版社有限公司
地　　址／臺北市南京東路四段50號6樓之1
電　　話／（02）2579-6600・2579-8800・2570-3939
傳　　真／（02）2579-0338・2577-3220・2570-3636
總 編 輯／陳秋月
主　　編／吳靜怡
專案企畫／賴真真
責任編輯／韓宛庭
校　　對／韓宛庭・周奕君
美術編輯／黃一涵
行銷企畫／吳幸芳・張鳳儀
印務統籌／劉鳳剛・高榮祥
監　　印／高榮祥
排　　版／陳采淇
經 銷 商／叩應股份有限公司
郵撥帳號／ 18707239
法律顧問／圓神出版事業機構法律顧問　蕭雄淋律師
印　　刷／祥峯印刷廠
2016年3月　初版

定價 260 元　ISBN 978-986-133-563-6